CURA PELAS PALAVRAS

Outros livros de Rupi Kaur:

outros jeitos de usar a boca

o que o sol faz com as flores

meu corpo minha casa

CURA PELAS PALAVRAS

RUPI KAUR

Tradução: Luisa Geisler

Planeta

Cura pelas palavras

Exercícios guiados de escrita pensados por Rupi Kaur
para inspirar criatividade e cura

ESTE LIVRO PERTENCE A:

rupikaur.com

INTRODUÇÃO

Poesia	ix
Quem pode ser criativo?	x
Para quem é este livro?	xi
Escrita livre	xii
Como comecei a escrever	xiii
Meu estilo	xiv
Dicas (antes de começar)	xv

CAPÍTULO UM: Feridas — 19

CAPÍTULO DOIS: Amores — 89

CAPÍTULO TRÊS: Rupturas — 153

CAPÍTULO QUATRO: Cura — 237

CONCLUSÃO

Carta de amor à leitora/escritora	315
E agora?	316
Sobre a autora	317
Agradecimentos	318

POESIA

Poesia é o idioma que a emoção humana fala. É ar e fogo e água e terra. Poesia é o ar em nossos pulmões. Os suspiros. Os gaguejos. Poesia é a primeira vez que você se apaixona. E parte você em pedaços. Poesia é fome. As palavras suspensas no espaço entre duas bocas logo antes do beijo. A emoção. Poesia é quando o frio na barriga está tão intenso que o corpo inteiro parece congelar. Poesia é a luz que fica com você depois que você se desenterra da tristeza. São as longas conversas à beira-mar. Poesia é o primeiro floco de neve no inverno. O cheiro de biscoito no forno. Poesia é sexo. Euforia. Como brigamos e como fazemos as pazes. A jornada. A história. Correr e gargalhar. Gargalhar e correr. Poesia é a vontade de uma pessoa e o eco de bilhões. Nossa sobrevivência é poesia. Nossas vidas são poesia. E o ato final é colocá-la no papel.

QUEM PODE SER CRIATIVO?

Sabe o que me deixa triste? Quando uma pessoa me diz que não é criativa.

Como foi que permitimos que milhões de pessoas acreditassem que a criatividade é uma habilidade acessível a apenas uns poucos escolhidos, se a verdade é que seres humanos são imaginativos por natureza e que a nossa imaginação nos ajudou a sobreviver por centenas de milhares de anos? Nossa habilidade de nos unir, pensar e solucionar problemas é nossa criatividade coletiva em movimento.

Quando éramos crianças, todos nós rabiscávamos sem parar, desenhando e escrevendo em nossos cadernos. Naquela tenra idade, não víamos a criatividade como uma habilidade; nós a víamos como algo que fazíamos, junto de muitas outras coisas. Essa ingenuidade e essa despreocupação nos permitiam arriscar e criar com liberdade. Brincávamos e explorávamos só por brincar e explorar. Estávamos presentes. Nós nos divertíamos.

Mas então, à medida que fomos envelhecendo, passamos a desenhar um pouco menos. No ensino fundamental, nossos diários começaram a acumular poeira. No ensino médio, a maioria de nós deixou a escrita e o desenho totalmente para trás. E como poderia ter sido diferente? O peso de nossas responsabilidades aumentava a cada ano. Estávamos tão ocupadas administrando calendários escolares lotados e atividades extracurriculares que não tínhamos energia para fazer muito mais.

Não é de espantar que, como adultas, nossa resposta para tentar coisas novas seja: "Não consigo. Não tenho criatividade". Com frequência, isso é outra forma de dizer: "Tenho medo de tentar porque não vou me sair bem de primeira e, se eu não me sair bem, vou parecer idiota". Começamos a nos afastar de experiências em que não nos saíamos bem logo de início.

Onde está a liberdade nisso? Onde está a descoberta? Todas as pessoas têm uma criança interior que quer ser ouvida, amada e curada. Precisamos deixar que ela saia para brincar.

A criatividade se estende para além de telas e diários. Dançar é criativo. Limpar a casa; escrever um ensaio; inventar uma desculpa para não encontrar a família no almoço de Dia das Mães é um ato criativo. Assim como organizar o armário, cozinhar, fazer jardinagem e passear por uma biblioteca. Todo mundo pode ser criativo da maneira que quiser.

PARA QUEM É ESTE LIVRO?

Cura pelas palavras é para qualquer pessoa que queira sentir mais conexão consigo mesma. É uma coleção de exercícios de escrita guiados, pensados para ajudar a explorar traumas, corações partidos e amores; a cura para acessar seu mundo interior. Os exercícios pedem que você dê um passo para dentro de sua vulnerabilidade. Você não precisa ter nenhuma experiência com escrita para fazê-los.

ESCRITA LIVRE

"Escrevo porque não sei o que estou pensando até ler o que digo."
Flannery O'Connor

Comecei a escrever num momento difícil da minha vida. Eu colocava um cronômetro, punha a caneta no papel e escrevia a primeira coisa que me viesse à mente. Eu deixava tudo que estava no meu peito jorrar para o diário, e isso acalmava a minha mente. Essa forma de escrita livre me ajudou a começar minha jornada rumo à cura.

Os exercícios neste livro são todos de escrita livre. Escrita livre, muitas vezes chamada de "escrita de fluxo de consciência", é uma forma de escuta profunda a partir da qual você permite que seus pensamentos corram para o papel em tempo real. Não há preocupação com a qualidade da escrita. O único objetivo é escrever sem inibições. Ao escrever livremente neste diário, não apague ou risque nada. Não pense demais. Só siga escrevendo até sentir que disse tudo que tinha para dizer.

COMO COMECEI A ESCREVER

Minha jornada na poesia começou no ensino médio, quando comecei a declamar poesias em recitais de *spoken word* em noites de *open microphone* – ou seja, noites em que qualquer tipo de lugar, como bares ou cafeterias, permite que clientes se apresentem no palco.

Estar no palco com um microfone era profundamente mágico. Pela primeira vez na vida, passei a me sentir viva e digna de ser ouvida. Eu escrevia poemas de quatro a cinco minutos de duração e os declamava em barzinhos escondidos, centros comunitários e qualquer lugar que me aceitasse.

Sempre digo que precisei de vinte e um anos para escrever meu primeiro livro, *outros jeitos de usar a boca*. O primeiro projeto artístico que você dá à luz é assim. É uma soma de todos os anos que você viveu antes dele. *outros jeitos de usar a boca* não foi algo que escrevi; foi algo que *aconteceu* comigo. Uma experiência sensorial completa. Até hoje, a escrita desse livro permanece como uma das experiências mais catárticas da minha vida. Às vezes, fecho meus olhos e penso nesses anos. 2010. 2011. 2012. 2013. 2014. Como eu era vulnerável a receber. A dar. A sentir. Como era despedaçada. Como era crua. Como sangrava. Como, pela primeira vez na vida, confrontei o abuso que meu corpo havia sofrido. Assumi minha posição com uma confiança que assustava os homens ao meu redor. Eles não gostavam de como eu falava abertamente, no palco, sobre abuso sexual. De qualquer forma, segui perseguindo essa arte, porque não era minha obrigação ajudar os homens a se sentirem confortáveis. Eu estava ali para mais. Por sorte, estava cercada por um grupo de mulheres poderosas, que me ergueram nos momentos mais difíceis. Sem elas, eu não estaria aqui. Elas me deram espaço para escrever e um lugar para compartilhar.

MEU ESTILO

Gosto de pensar que escrevo dois tipos de poesia. O primeiro é a **poesia de performance**, que é aquela que ganha vida no palco. Com frequência, é mais longa e escrita para ser declamada. A poesia de performance costura uma história e traz a leitora para dentro de um novo universo. Para mim, escrever poesia de performance é como compor uma música; e declamá-la no palco é tocar essa música ao vivo.

Cada poema me vem em batidas e sílabas, com melodia e ritmo próprios. Acho que deve ser porque cresci ouvindo a poesia punjabi e, na cultura punjabi, poesia é uma tradição oral. Uma de minhas memórias favoritas da infância era assistir às mulheres da minha comunidade se reunindo em círculos para fazer a *giddha* (dança folclórica popular para mulheres da região de Punjab). Enquanto dançavam a *giddha*, elas cantavam *boliyan* (cantos em dísticos típicos). Reunir-se para dançar *giddha* era um dos poucos momentos em que as mulheres tinham a oportunidade de se reunir com outras mulheres, sem nenhum homem por perto. Elas soltavam o cabelo, dançavam, riam e se alegravam. Elas se alternavam em improvisos, que davam em alguns dos versos mais engraçados que eu já tinha ouvido, alfinetando sogras autoritárias e falando mal dos vizinhos, dos irmãos, umas das outras. Cantavam *boliyan* cheios de piadas de sexo, que faziam você rolar no chão de rir. Naquele espaço seguro, qualquer um e qualquer coisa podia se tornar alvo. Era ali que as mulheres se soltavam um pouco antes de voltar para suas vidas, que frequentemente eram difíceis.

Então, poesia para mim sempre foi escrita para ser declamada. É uma questão de cura e acessibilidade para a comunidade.

O segundo tipo de poesia que escrevo é o que chamo de **poesia de papel**, que é a poesia que ganha mais vida quando escrita. Acredito que a poesia de papel tem mais impacto quando você a lê para si mesma. O modo como o poema está disposto na página tem um grande papel na forma como a leitora o sentirá. Cada elemento é intencional. A pontuação é usada – ou não usada – para dar um certo ritmo ao poema. As quebras de linha são propositais. Gosto de quebrar linhas em lugares onde a melodia deve pairar. Posso terminar uma frase onde quero enfatizar certa palavra.

Apesar de a poesia de papel poder existir em várias extensões e estilos, gosto de experimentar trechos mais sucintos e curtos. Tento usar palavras que possam atrair o coração da leitora como a gravidade.

Quando você está vivendo uma mágoa ou passando por algo traumático, a realidade não se revela devagar; ela perfura você como um tiro, rápido e forte. Quero que minha poesia de papel faça o mesmo; por isso ela é tão direta. Minha intenção é que ela venha com força e rapidez, como um tiro metafórico. Cada palavra que uso tem um papel importante. Durante o processo de edição, se uma palavra pode ser cortada porque não serve a um propósito, eu a removo. Não quero nenhuma palavra extra pendurada no texto.

Compartilho isso com você para dar uma noção de como escrevo e por quê. Você não precisa escrever da mesma maneira. Escreva de qualquer maneira que faça você se sentir viva e vista.

Neste livro, experimentaremos tanto peças curtas como longas.

DICAS (ANTES DE COMEÇAR)

1) Todos os exercícios neste livro são de escrita livre. Isso significa que você vai fazer todo o esforço possível para escrever a primeira ideia que lhe vier – não edite, não apague nem se censure. Não importa se o que escrever tem sentido ou não. Tudo o que importa é que você abra mão do controle e deixe o subconsciente assumir.

2) Os exercícios estão organizados em capítulos. O ideal é que você complete o livro do começo ao fim, mas isso não significa que você seja obrigada a isso. Fique à vontade para fazer os exercícios da maneira que tiver sentido para você.

3) Em muitos dos exercícios, dou um pontapé inicial para despertar a criatividade. Esse pontapé pode ser uma pergunta que eu faça ou uma frase que funcione como o começo do seu texto.

4) Em alguns exercícios, peço que feche os olhos e respire profundamente antes de começar a escrever. Não pule a respiração. Respire! Vai ajudar a relaxar, permitindo-lhe despertar a criatividade.

5) Você não tem que ser escritora ou poeta para aproveitar a experiência completa desses exercícios. Você só precisa escrever – só isso.

6) Para deixar as instruções mais claras, vou me referir ao que você estiver escrevendo como "poemas" ou "peças". Essas palavras são apenas rótulos instrutivos e podem significar o que você quiser.

7) A poesia vai muito além do que você aprendeu na escola. Juro para você que todo mundo pode escrever um poema. Seus poemas não precisam rimar nem ser uma coleção de

estrofes. Quando peço que escreva um poema, quero que você seja vulnerável e expresse emoções cruas. Neste diário, isso pode significar uma dezena ou uma centena de palavras. Pode vir em estrofes ou em parágrafos. Pode ter rimas ou não. A única regra para escrever um poema neste diário é se permitir escrever com liberdade.

8) Se algum exercício desencadear sentimentos difíceis para você, pode pular. Não vale a pena fazer. Você sempre pode voltar a ele em outro momento.

9) Em alguns exercícios, sugiro que ligue um cronômetro. O cronômetro tem a intenção de guiar e apoiar você nessa experiência. No entanto, não se sinta limitada por ele. Não tem problema sobrar ou faltar tempo.

10) Se precisar de mais espaço para completar os exercícios, fique à vontade para terminá-los em seu diário pessoal.

11) O primeiro capítulo, "Feridas", fala de traumas. É o capítulo mais emocionalmente pesado dos quatro. Faça intervalos enquanto o atravessa. Pode ser que um exercício de quinze minutos seja exaustivo para você. É assim mesmo. Falar sobre traumas requer muita energia de nós, então, não se cobre tanto. Vá em um ritmo que lhe pareça seguro e saudável.

12) Esses exercícios não devem parecer trabalhosos; eles devem ser leves como respirar. Expire e deixe as palavras fluírem.

se já tivesse visto
a segurança de perto
eu teria passado menos
tempo caindo em braços
que não eram

outros jeitos de usar a boca, p. 21

CAPÍTULO UM

FERIDAS

Foi a experiência de abuso sexual e físico que me fez começar a escrever. Essa violência em particular ia tão fundo que me silenciava. Eu me sentia sem voz e incapaz de contar a qualquer um sobre o que eu referia como "as coisas ruins".

Então, por volta dos 18 anos, tive uma sessão com um novo terapeuta na escola. Em nosso primeiro encontro, ele me apresentou à palavra "trauma". A palavra me atingiu como uma faca. *Trauma*. Foi assim que o terapeuta chamou as minhas "coisas ruins". Eu me lembro de ficar sentada naquele sofá de couro duro em silêncio, sem saber o que dizer, porque gente normal como eu não passava por traumas. "Trauma" parecia uma palavra usada para descrever acidentes de carro quase fatais ou os horrores que soldados enfrentavam durante a guerra.

Em nossa segunda sessão, o terapeuta disse que eu talvez estivesse sofrendo de transtorno de estresse pós-traumático (TEPT). Eu me lembro de fazer uma força imensa para não revirar os olhos. No final da sessão, fui embora e nunca mais o vi.

Anos mais tarde, eu me dei conta de que o terapeuta não tinha sido dramático. Abuso sexual, doméstico, mental e físico *é* trauma, e sobreviventes desse trauma também se encaixam entre as pessoas que podem sofrer de TEPT. Acho que, quando você passa por algo tão traumático quando ainda é jovem, e com tanta frequência, aquilo se normaliza. Na infância, suas referências do que é "normal" são enviesadas. Com essa informação nova, aceitei que precisava dar passos rumo à cura.

Muito rapidamente, escrever se tornou parte dessa jornada de cura. Era difícil falar abertamente do que eu havia vivido, então voltei-me para meu diário, porque escrever parecia seguro. Conforme encontrava as palavras para o que havia acontecido, fui começando a me sentir livre. Foi assim que as sementes de meu primeiro livro, *outros jeitos de usar a boca*, foram plantadas.

Os exercícios neste capítulo exploram diferentes temas ligados aos traumas. Lide com eles no seu próprio ritmo. Sua segurança e seu bem-estar vêm primeiro. Se sentir que não tem nenhum trauma para explorar, está tudo bem. Você não precisa de um trauma para conseguir mergulhar fundo. Você já é uma pessoa rica e infinita. Trauma não é o que nos define. Não é o que nos faz interessantes. Nossa *voz* e como a *usamos* é. Se você não tiver vivido alguma experiência mencionada nos exercícios, apenas pense em outra. Não importa o nível, todas nós temos experiências dolorosas, e todas elas são dignas de investigação. Deixe que sua artista interior saia para brincar. Se precisar alterar os exercícios para que funcionem para você, por favor, fique à vontade. Espero que as palavras que você vai escrever nas próximas páginas lhe mostrem a guerreira que você é.

| EXERCÍCIO 1 | A APARÊNCIA DO TRAUMA |

1) Feche os olhos e respire fundo dez vezes, tranquila e lentamente.

Depois da décima respiração, medite por alguns instantes a respeito da palavra "trauma".

Então, desenhe a aparência do trauma no espaço abaixo. Quando seus olhos estavam fechados e você estava meditando a respeito da palavra, o que você via?

2) Observe seu desenho e rascunhe algumas palavras ou frases simples que lhe vêm à mente quando olha para ele:

3) Aleatoriamente, escolha quatro das palavras ou frases rabiscadas acima e liste-as a seguir:

1.

2.

3.

4.

Agora, escreva livremente quatro parágrafos ou estrofes usando as quatro palavras/frases escolhidas, em ordem cronológica. Cada parágrafo/estrofe deve incluir uma palavra/frase da lista acima, na ordem numerada.

INSTRUÇÕES

⏱ **Marque 10 minutos no cronômetro.** Fique de olho no tempo e use 2 ou 3 minutos para cada parágrafo ou estrofe. Se faltar ou sobrar tempo, não tem problema. O cronômetro está aí para servir de apoio.

» O primeiro parágrafo deve incluir a primeira palavra/frase escolhida.

» O segundo parágrafo deve incluir a segunda palavra/frase escolhida.

» O terceiro parágrafo deve incluir a terceira palavra/frase escolhida.

» O quatro parágrafo deve incluir a quarta palavra/frase escolhida.

» Ao final do exercício, todas as quatro palavras/frases terão sido usadas em sua peça.

» Não é necessário usar a palavra/frase mais de uma vez.

» Lembre-se: este é um exercício de escrita livre, então, independentemente de terem sentido ou não, deixe os pensamentos levarem você.

» Sua peça deve começar por: *"A rachadura no/na"*. Essas palavras iniciais são um pontapé para despertar a criatividade. Complete a frase e siga escrevendo.

⏱ **Marque o tempo e comece a escrever:**

A rachadura no/na

rupi kaur

FERIDAS

| EXERCÍCIO 2 | O QUE VOCÊ ESCONDE |

⏱ **Marque 10 minutos no cronômetro.** Leia este começo e anote seus pensamentos conforme vierem à mente:

A coisa que mais tenho medo de que descubram sobre mim é

FERIDAS

| EXERCÍCIO 3 | ESCREVER CARTAS |

Um exercício que faço com frequência, em especial quando me sinto bloqueada, é escrever cartas. O ato de mergulhar em algo tão pessoal e íntimo quanto escrever uma carta tira a pressão de ter que descobrir sobre o que escrever em um dia em que me sinto travada. Em vez disso, minha atenção criativa se volta para o que já sei, o que é muito reconfortante.

Também escrevo para emoções específicas que tenho vivido. Por exemplo, escrevi muitas cartas para "o medo". Fazer isso me ajudou a conversar com ele e enfrentá-lo, em vez de tentar enterrá-lo.

Em geral, passo entre quinze e trinta minutos escrevendo essas cartas.

A seguir, há uma lista de sete propostas para a escrita de cartas. Para este exercício, escolha uma e escreva sua carta no espaço dado. (Apesar de haver espaço para completar apenas uma das cartas neste diário, sinta-se livre para escrever as outras em seu diário pessoal em outro momento. Também adoro repetir propostas que já usei no passado. É algo que ajuda a olhar para trás e comparar resultados para ver o que mudou e o que continuou igual.)

Marque 15 minutos no cronômetro. Então, escolha uma das propostas a seguir e comece a escrever livremente:

- » Escreva uma carta para a pessoa cujo toque feriu você
- » Escreva uma carta para seu pai, da sua perspectiva aos 7 anos
- » Escreva uma carta para sua versão de 9 anos, da perspectiva de sua versão de 80 anos
- » Escreva uma carta para uma memória ou um momento traumático
- » Escreva uma carta para o seu eu que não confia em si mesmo
- » Escreva uma carta para as suas partes que ainda estão doendo
- » Escreva uma carta para sua mãe, grávida de você, como se você ainda estivesse na barriga dela

FERIDAS

rupi kaur

FERIDAS

rupi kaur

FERIDAS

| EXERCÍCIO 4 | O QUE EU SOU? |

Tire algum tempo para examinar o desenho a seguir:

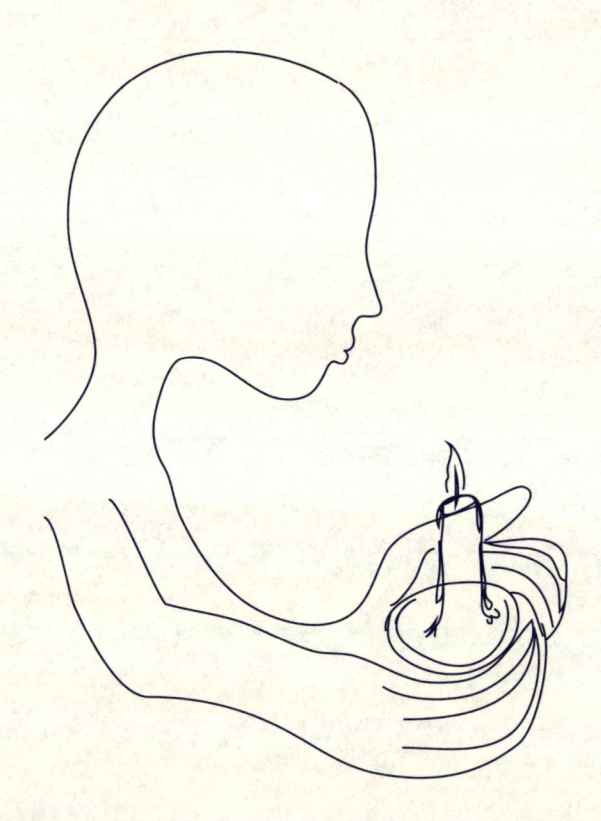

Agora, escreva o que esse desenho traz à sua mente. Qual foi a primeira coisa em que pensou quando o viu? O desenho tem uma história? O que ele está tentando comunicar?

Marque 10 minutos no cronômetro e comece:

FERIDAS

| EXERCÍCIO 5 | CAROÇO DE PÊSSEGO |

Adoro como algumas poucas palavras colocadas juntas têm o poder de contar uma história. A poesia sikh foi onde notei isso pela primeira vez.

Cresci fazendo o *kirtan*: a arte musical de cantar *shabads* (hinos) de origem sikh e tocar harmônio ao mesmo tempo. Mais para o final do ensino fundamental, eu costumava ir para casa depois da aula de *kirtan* e me sentar com meu pai ou com minha mãe para estudar o último *shabad* que tinha recebido como tarefa. Passávamos horas discutindo uma única frase – tamanha a profundidade que apenas algumas poucas palavras tinham. Foi assim que me apaixonei por tentar dizer mais com menos.

No ensino médio, li a famosa "história de seis palavras" pela primeira vez, e meu fascínio pela prosa curta e concisa ficou ainda mais forte. A peça, possivelmente escrita por Ernest Hemingway, diz:

Vendo: sapatos de bebê, nunca usados.

Uau! Essa frase me deu um soco no estômago e me deixou sem palavras. Que história de partir o coração, contada em só seis palavras! Foi nesse momento que comecei a ver a poesia como uma espécie de quebra-cabeça. Eu me perguntava: como posso construir a história que quero sem desperdiçar nenhuma peça do quebra-cabeça? Ou seja, como eu poderia dizer o que queria sem desperdiçar nenhuma palavra?

Para uma pessoa que cresceu com dificuldade de se expressar, palavras são sagradas. Por causa do abuso físico e sexual, cresci me sentindo invisível e sem voz; então, quando comecei a declamar e escrever poesia, eu queria que minhas palavras perfurassem todo o ruído ao redor, para que não se perdessem. Eu me negava a continuar sendo invisível. Eu me negava a continuar sustentando meu trauma como se fosse responsável por ele. Eu me negava a continuar carregando a culpa e a vergonha, porque não cabia a mim carregá-las.

Meu estilo de escrita reflete isso. Foi uma escolha de estilo escrever sucintamente, sem um monte de enfeites. Para a cura, a comunicação era a chave, então eu removia qualquer sobra em minha escrita. Eu precisava apresentar as palavras *exatas* para minha audiência, sem distrações.

Gosto de descrever meus poemas mais curtos (os que têm de uma a quatro linhas) como *caroços de pêssego*.

Muita gente olha para o tamanho dessas peças mais curtas e imagina que não demoram muito tempo para ser escritas. Isso não poderia estar mais longe da realidade. Cada um desses caroços de pêssego começa muito mais extenso, alguns com uma ou até duas páginas.

Durante o processo de edição, corto frases de que não gosto, o que em geral reduz o tamanho do rascunho em 25%. Então, determino a "tese central" de meu poema. Gosto que meus poemas tenham uma única tese, para que a mensagem seja transmitida com clareza.

Uma vez que estabeleço a tese do poema, corto qualquer frase que não a apoie. Depois, corto qualquer palavra que esteja pendurada no poema.

Esse processo é como remover a casca do pêssego, depois cavar lentamente a polpa da fruta, até, enfim, atingir o centro – o caroço do pêssego. Pego esse caroço de pêssego e o apresento à minha leitora numa bandeja de prata. Amo dar às leitoras a essência central do que estou tentando dizer, para que seja sentido de imediato.

É claro que nem todas as minhas escritas se encaixam nesse estilo. Alguns poemas, em especial os que serão declamados, são tão longos que demoram cinco minutos inteiros para recitar. Há um momento e um lugar para cada estilo. O truque, acho, é escolher o estilo conforme a mensagem. Escolho o estilo "caroço de pêssego" quando quero que o poema chegue rápido e forte, como um tiro metafórico.

Aqui vão alguns dos meus poemas que ilustram esse conceito de "caroço de pêssego":

transei ela disse
mas não sei
como é
fazer amor

outros jeitos de usar a boca, p. 20

se já tivesse visto
a segurança de perto
eu teria passado menos
tempo caindo em braços
que não eram

outros jeitos de usar a boca, p. 21

ele deveria ser
o primeiro homem que amou na vida
você ainda procura por ele
em todo lugar

- *pai*

outros jeitos de usar a boca, p. 16

Neste exercício de duas partes, você vai escrever seus próprios poemas caroço de pêssego. Vamos atravessar o processo todo juntas. Lembre-se: não pense demais e divirta-se.

1) Nesta primeira parte, escreva uma peça longa a respeito de um momento em que se sentiu ignorada.

FERIDAS

🕐 **Marque 5 minutos no cronômetro e comece:**

2) Nesta segunda parte, você vai editar sua peça para transformá-la em um poema caroço de pêssego; vou guiar você em cada passo do processo.

» Primeiro, volte à parte 1 e leia sua peça do começo ao fim. Depois de terminar, defina a tese de seu poema em uma frase e anote-a no espaço abaixo. Lembre-se: a tese de sua peça é a mensagem central dela. Se estiver com dificuldade para decidir qual é a tese, escreva o que você me diria se eu lhe pedisse para resumir o poema em uma linha:

» Agora que estabeleceu uma tese, releia sua peça e risque qualquer frase que não a apoie ou que fuja dela. Uma vez definidas as frases que serão mantidas, escreva-as no espaço abaixo:

» Em uma folha de rascunho ou no seu diário pessoal, edite o que escreveu até condensar tudo em quatro frases. Você vai precisar de muitas páginas e reescritas até completar essa parte. Enquanto edita, não se esqueça da tese! O objetivo neste momento é conseguir, pouco a pouco, se sentir confortável com quatro frases que apoiem sua tese da melhor maneira possível ("melhor" é subjetivo aqui).

Enquanto edita, faça quantas mudanças quiser. Você pode até acrescentar novas frases se achar que são mais fortes.

Às vezes, durante todo o processo de edição, chego a reescrever um poema cinquenta ou cem vezes. Esse processo pode demorar horas, semanas ou meses. Às vezes, nunca chego ao fim, e o poema fica inacabado. Para os propósitos deste exercício, não vamos precisar de horas ou semanas. Em vez disso, continue editando seu poema até chegar a quatro frases que ame. Escreva essas quatro frases a seguir:

» Agora, revisite as quatro frases da página anterior. Tente deixá-las mais curtas, removendo palavras desnecessárias ou encurtando períodos. O propósito desta parte é que suas quatro linhas sejam as mais potentes possíveis, sempre apoiando sua tese da melhor maneira que puder.

Para inspiração, revisite os poemas caroço de pêssego que dei de exemplo na página 39. Uma vez que tenha se decidido a respeito da versão mais potente, escreva seu poema caroço de pêssego a seguir:

EXERCÍCIO 6 | VISITANDO MEU EU MAIS JOVEM

Neste exercício, vamos nos inspirar em meu amor pela poesia de performance.

Como mencionei na introdução, minha jornada na poesia começou no palco, ainda no ensino médio, quando comecei a declamar poesia em centros comunitários e noites de *open microphone*. Poesia de performance é uma poesia que ganha vida no palco. São poemas escritos para serem lidos em voz alta. Esses meus poemas podem ser declamados no decorrer de dois a seis minutos. Os seus também podem estar nessa faixa de tamanho.

Sinta-se livre para escrever sobre qualquer tema. Você pode chegar a um longo parágrafo que se estenda por páginas ou pode acabar com parágrafos menores. O estilo não importa. O que importa é o conteúdo. Teça uma história para nós. Use imagens e metáforas. Use descrições e emoções.

A única regra é que sua peça inclua todas as palavras a seguir, usando as diretrizes dadas nas instruções:

» Risada
» Leão
» Garfo
» Azul
» Centena
» Água
» Borboleta
» Nuvem
» Joia
» Relógio

INSTRUÇÕES

» Você tem duas opções para usar todas as palavras da lista. Escolha uma:

Opção um: comece a escrever com a intenção de usar a primeira palavra (risada) no início da peça. Então, quando sentir que os pensamentos estão desacelerando e começar a se perguntar o que escrever em seguida, selecione uma das palavras da lista aleatoriamente, deixe que ela inspire um pensamento novo, coloque-a na peça e siga escrevendo (não se esqueça de riscar a palavra depois de usar). Repita até usar todas as palavras da lista.

Opção dois: deixe que o cronômetro assuma o controle. Inicie o tempo, comece a escrever e, a cada dois minutos, escolha uma palavra da lista e inclua-a na peça nesse exato momento. Continue até todas as palavras terem sido usadas.

» Comece fechando os olhos e tirando alguns minutos para si mesma em silêncio. Inspire. Expire. Centre-se em seu próprio corpo. Quando se sentir centrada, abra os olhos.

» Já comecei sua peça com um pontapé inicial.

Marque 20 minutos no cronômetro e comece a escrever livremente:

Se eu pudesse visitar minha versão mais jovem, eu voltaria ao dia em que

FERIDAS

rupi kaur

FERIDAS

rupi kaur

EXERCÍCIO 7 | MÃE

Com frequência, escondemos nossa dor daqueles que nos são mais próximos. Compartilhar nossa dor com essas pessoas tiraria um fardo gigante de nossos ombros, mas é difícil se abrir.

Para este exercício, escreva um poema para sua mãe, confessando qualquer mágoa que você esteja experimentando ou tenha experimentado no passado. Não precisa ser uma mágoa causada por ela; pode ser qualquer mágoa que você tenha sentido ao longo da vida. Leia o começo que ofereci abaixo e comece a escrever livremente:

Querida mãe,
Uma coisa que preciso que você saiba é

rupi kaur

EXERCÍCIO 8 | **MEDO**

1) Faça uma lista de até quinze coisas que lhe dão medo:

»
»
»
»
»
»
»
»
»
»
»
»
»
»
»

2) Da lista acima, escolha aleatoriamente cinco dos medos. Começando na página a seguir, reflita sobre cada medo, explorando por que ele existe, de onde vem, com o que se conecta e como afeta sua vida:

Medo um: _____

(Por que sinto esse medo? De onde ele vem? A que ele está conectado? Como ele afeta minha vida?)

Medo dois: _____

(Por que sinto esse medo? De onde ele vem? A que ele está conectado? Como ele afeta minha vida?)

Medo três: _____

(Por que sinto esse medo? De onde ele vem? A que ele está conectado? Como ele afeta minha vida?)

_____
_____
_____
_____
_____
_____
_____
_____
_____
_____
_____

Medo quatro: _____

(Por que sinto esse medo? De onde ele vem? A que ele está conectado? Como ele afeta minha vida?)

_____
_____
_____
_____
_____
_____
_____
_____
_____
_____
_____
_____
_____

Medo cinco: _____

(Por que sinto esse medo? De onde ele vem? A que ele está conectado? Como ele afeta minha vida?)

3) Ter medo não nos faz pessoas fracas; nos faz humanas. Nosso cérebro está programado para sentir medo a fim de nos ajudar a sobreviver. Apesar de o cérebro humano ser algo magnífico, às vezes não conseguimos diferenciar um medo racional de um irracional.

Um exemplo de medo racional é se preocupar com o pagamento do aluguel do mês que vem porque você foi demitida e não tem economias. Esse medo é racional porque você tem fatos que provam como o seu medo poderia se transformar em realidade.

Já um exemplo de medo irracional é pensar que seus colegas de trabalho vão odiar a apresentação que você vai fazer na sexta-feira. Esse medo é irracional porque você passou semanas praticando a apresentação e conhece muito bem as informações dela. Na verdade, você nunca se saiu mal numa apresentação antes, então não tem motivo para acreditar que vai se sair mal agora.

Esse medo é irracional porque não é baseado em fatos; é baseado apenas em sentimentos. Porém, estar baseado em sentimentos não significa que o medo não seja real. Isso quer dizer que, segundo os fatos, há uma chance maior de sua apresentação ir bem.

Estudar nossos medos irracionais pode nos dizer muito sobre nossa psiquê. Muitos desses medos irracionais são plantados em nossa mente quando somos pequenas, talvez pelo nosso ambiente e pelas pessoas que nos criaram.

Talvez sintamos medo de que ninguém nos ame porque, quando tínhamos cinco anos, nossos pais nos deixavam sozinhas em casa com uma babá muito maldosa enquanto faziam hora extra no trabalho.

Talvez sintamos medo de que ninguém queira sair conosco porque nossa primeira paixonite da infância disse que não éramos atraentes.

Ignorar medos irracionais apenas os deixa mais fortes. Descobri que a melhor maneira de me libertar de medos irracionais é falar com eles de modo direto. Depois de entender o medo, gosto de fazer uma lista das possíveis consequências, da pior à melhor, se esse medo se tornar realidade. Então, reviso a lista e verifico qual consequência é a mais provável de acontecer. Com frequência, o que acontece nesse ponto do exercício é que meu medo irracional se acalma, porque a consequência que é mais realista não é tão assustadora quanto a que eu temia.

Agora, eu gostaria que você revisitasse os cinco medos sobre os quais escreveu na parte dois e respondesse às perguntas a seguir:

rupi kaur

Medo um: _____

Qual é a pior coisa que pode acontecer?

Qual é a melhor coisa que pode acontecer?

Cite outras duas ou três coisas nem tão boas nem tão ruins que podem acontecer entre as duas anteriores.

Em uma escala de 1 a 10, qual é a probabilidade de que a pior coisa aconteça?

1.   2.   3.   4.   5.   6.   7.   8.   9.   10.
Pouco   Muito
provável   provável

Com base na probabilidade acima, quão racional ou irracional é seu medo?

1.   2.   3.   4.   5.   6.   7.   8.   9.   10.
Completamente   Completamente
racional   irracional

Agora, converse diretamente com o medo.
- » Se o medo for irracional e muito improvável de acontecer, converse com ele e explique por que está na hora de ele ir embora. O medo não é seu inimigo. Ele só está tentando alertar e proteger você. É seu trabalho investigar quais preocupações ele tem. Ao final, agradeça ao medo por alertá-la e explique por que vai ficar tudo bem.
- » Se o medo for racional e muito provável de acontecer, escreva sobre como você vai abrir espaço para ele, como gostaria de trabalhar com ele e por que vai ficar tudo bem.

rupi kaur

FERIDAS

Medo dois: _____

Qual é a pior coisa que pode acontecer?

Qual é a melhor coisa que pode acontecer?

Cite outras duas ou três coisas nem tão boas nem tão ruins que podem acontecer entre as duas anteriores.

Em uma escala de 1 a 10, qual é a probabilidade de que a pior coisa aconteça?

1.   2.   3.   4.   5.   6.   7.   8.   9.   10.
Pouco provável   Muito provável

Com base na probabilidade acima, quão racional ou irracional é seu medo?

1.   2.   3.   4.   5.   6.   7.   8.   9.   10.
Completamente racional   Completamente irracional

Agora, fale diretamente com o medo.

» Se o medo for irracional e muito improvável de acontecer, converse com ele e explique por que está na hora de ele ir embora. O medo não é seu inimigo. Ele só está tentando alertar e proteger você. É seu trabalho investigar quais preocupações ele tem. Ao final, agradeça ao medo por alertá-la e explique por que vai ficar tudo bem.

» Se o medo for racional e muito provável de acontecer, escreva sobre como você vai abrir espaço para ele, como gostaria de trabalhar com ele e por que vai ficar tudo bem:

FERIDAS

Medo três: _____

Qual é a pior coisa que pode acontecer?

Qual é a melhor coisa que pode acontecer?

Cite outras duas ou três coisas nem tão boas nem tão ruins que podem acontecer entre as duas anteriores.

Em uma escala de 1 a 10, qual é a probabilidade de que a pior coisa aconteça?

1.   2.   3.   4.   5.   6.   7.   8.   9.   10.
Pouco   Muito
provável   provável

Com base na probabilidade acima, quão racional ou irracional é seu medo?

1.   2.   3.   4.   5.   6.   7.   8.   9.   10.
Completamente   Completamente
racional   irracional

Agora, fale diretamente com o medo.

- » Se o medo for irracional e muito improvável de acontecer, converse com ele e explique por que está na hora de ele ir embora. O medo não é seu inimigo. Ele só está tentando alertar e proteger você. É seu trabalho investigar quais preocupações ele tem. Ao final, agradeça ao medo por alertá-la e explique por que vai ficar tudo bem.
- » Se o medo for racional e muito provável de acontecer, escreva sobre como você vai abrir espaço para ele, como gostaria de trabalhar com ele e por que vai ficar tudo bem.

rupi kaur

Medo quatro: _____

Qual é a pior coisa que pode acontecer?

Qual é a melhor coisa que pode acontecer?

Cite outras duas ou três coisas nem tão boas nem tão ruins que podem acontecer entre as duas anteriores.

Em uma escala de 1 a 10, qual é a probabilidade de que a pior coisa aconteça?

1. 2. 3. 4. 5. 6. 7. 8. 9. 10.
Pouco provável   Muito provável

Com base na probabilidade acima, quão racional ou irracional é seu medo?

1. 2. 3. 4. 5. 6. 7. 8. 9. 10.
Completamente racional   Completamente irracional

Agora, fale diretamente com o medo.
- » Se o medo for irracional e muito improvável de acontecer, converse com ele e explique por que está na hora de ele ir embora. O medo não é seu inimigo. Ele só está tentando alertar e proteger você. É seu trabalho investigar quais preocupações ele tem. Ao final, agradeça ao medo por alertá-la e explique por que vai ficar tudo bem.
- » Se o medo for racional e muito provável de acontecer, escreva sobre como você vai abrir espaço para ele, como gostaria de trabalhar com ele e por que vai ficar tudo bem.

FERIDAS

Medo cinco: _____

Qual é a pior coisa que pode acontecer?

Qual é a melhor coisa que pode acontecer?

Cite outras duas ou três coisas nem tão boas nem tão ruins que podem acontecer entre as duas anteriores.

Em uma escala de 1 a 10, qual é a probabilidade de que a pior coisa aconteça?

1.   2.   3.   4.   5.   6.   7.   8.   9.   10.
Pouco   Muito
provável   provável

Com base na probabilidade acima, quão racional ou irracional é seu medo?

1.   2.   3.   4.   5.   6.   7.   8.   9.   10.
ompletamente   Completamente
racional   irracional

Agora, fale diretamente com o medo.

» Se o medo for irracional e muito improvável de acontecer, converse com ele e explique por que está na hora de ele ir embora. O medo não é seu inimigo. Ele só está tentando alertar e proteger você. É seu trabalho investigar quais preocupações ele tem. Ao final, agradeça ao medo por alertá-la e explique por que vai ficar tudo bem.

» Se o medo for racional e muito provável de acontecer, escreva sobre como você vai abrir espaço para ele, como gostaria de trabalhar com ele e por que vai ficar tudo bem.

rupi kaur

FERIDAS

| EXERCÍCIO 9 | ASSOCIAÇÃO DE PALAVRAS |

Pense rápido:

1) Qual é a primeira palavra que vem à sua mente quando você ouve a palavra "**silêncio**"?

2) Qual é a primeira palavra que vem à sua mente quando você ouve a palavra "**lembrar**"?

3) Qual é a primeira palavra que vem à sua mente quando você ouve a palavra "**imperfeição**"?

4) Qual é a primeira palavra que vem à sua mente quando você ouve a palavra "**apocalipse**"?

Agora, pegue as quatro palavras destacadas (**silêncio, lembrar, imperfeição, apocalipse**), junte-as às quatro palavras em que você pensou e escreva quatro parágrafos/estrofes sobre uma experiência que a enfureceu.

O primeiro parágrafo deve incluir o par de palavras da questão 1: **silêncio** e _____

(a palavra que você escreveu em associação com "silêncio")

O segundo parágrafo deve incluir o par de palavras da questão 2:

lembrar e _____

(a palavra que você escreveu em associação com "lembrar")

O terceiro parágrafo deve incluir o par de palavras da questão 3:

imperfeição e _____

(a palavra que você escreveu em associação com "imperfeição")

O quarto parágrafo deve incluir o par de palavras da questão 4:

apocalipse e _____

(a palavra que você escreveu em associação com "apocalipse")

⏱ **Dedique de 5 a 7 minutos à escrita de cada parágrafo.**

FERIDAS

rupi kaur

EXERCÍCIO 10 | ANSIEDADE

Se você é um ser humano e está vivo, já sentiu ansiedade em algum momento da vida. Eu sempre brinco que as pessoas ansiosas são as normais, porque que pessoa com a cabeça no lugar poderia viver neste mundo sem ser ansiosa?! Fala sério, povo não ansioso: como? Por favor, quero conselhos.

Quando eu era mais nova, não sabia que minha dor no peito, minha dificuldade para respirar e minha dor de estômago eram sintomas de ansiedade. Eu não tinha a linguagem necessária para descrever o que estava acontecendo comigo. No entanto, ao longo do tempo, comecei a notar como diferentes partes do meu corpo reagiam à ansiedade. Minhas mãos tremiam. A ansiedade fazia com que eu me sentisse tonta, fraca e exausta. Às vezes, era como se alguém estivesse pisando no meu peito com botas pesadas. Eu ficava arfando, sem ar.

Ter noção desses sintomas e de como me afetavam permitiu que eu tivesse mais compaixão comigo mesma. Neste exercício, você vai acessar diferentes áreas e funções de seu corpo e ver o que elas revelam sobre sua ansiedade. A única regra é que você deve responder a cada pergunta com *exatamente* três frases. Nem mais nem menos.

Sei que tenho pedido que você pratique a escrita livre dos primeiros pensamentos que lhe vêm à mente, mas faça este exercício um pouco mais devagar. Coloque intenção em sua resposta de três frases (você vai entender por que depois).

1) Quando você começa a sentir ansiedade, em que parte do seu corpo ela se manifesta primeiro?

2) Em que outras áreas do corpo você consegue sentir a ansiedade?

3) O que a ansiedade faz você sentir na garganta?

4) Existem situações em que você prende a respiração de forma desnecessária, sem perceber que está fazendo isso? (Por exemplo, às vezes, sem me dar conta, prendo a respiração enquanto digito, dirijo e tiro fotos. Também quando estou perto de gente intimidante ou que me deixa insegura.)

5) Em qual parte do corpo você sente maior exaustão depois de ter ansiedade?

6) Qual sensação a ansiedade provoca em seu estômago?

7) O que acalma seu corpo quando ele está ansioso?

8) Você acabou de escrever um total de 21 frases (das perguntas 1 a 7). Agora, vai usar essas frases para construir três poemas, cada um com sete linhas. Não use mais que duas linhas de uma mesma pergunta. Use cada frase uma vez e apenas uma. Se quiser, pode fazer pequenas alterações nas frases para ajudar com a fluidez de ideias, gramática ou tempo verbal. Faça este exercício a lápis, já que você pode precisar apagar ou ajustar.

Esta parte do exercício foca mais em editar que em escrever. O objetivo é ver se você consegue pegar algo que já escreveu e imaginá-lo de maneira totalmente nova. Às vezes, há diamantes brutos na nossa frente que descobrimos apenas depois de bagunçar tudo. Às vezes, quando não me sinto inspirada, revisito meus textos antigos para ver se posso transformá-los em algo novo. Ao final deste exercício, você pode descobrir algo que ama. No mínimo, será um experimento interessante.

Poema 1:

Poema 2:

Poema 3:

EXERCÍCIO 11 | POEMA EM LISTA

Um poema em lista é um poema escrito no formato de uma lista. É um inventário de pessoas, lugares, coisas ou pensamentos. A lista pode ser escrita da maneira que você quiser: anotações, linhas longas, itens numerados ou não. Um poema em lista bem escrito conta uma história por meio dos itens que apresenta.

Veja um poema em lista que escrevi sobre depressão:

depressão é:
- silêncio
- nunca ouço chegar
- sentada na beira da minha cama
  me espera acordar
  caminha para dentro de mim que nem fantasma
  e se recusa a deixar meu corpo
- depressão é o parque de diversões depois que todo mundo foi embora
- uma cidade fantasma em que me perdi
- uma estrada vazia às duas da manhã
- caixas de pizza vazias
- ligações perdidas dos meus amigos
- um shopping center abandonado
- a vontade de esquecer onde estou
- um peso amarrado no meu pescoço
  pesando até a minha barriga
- uma sensação entre estar viva e morta
- parece que estou des-desfalecendo

Para este exercício, quero que crie seu próprio poema em lista baseando-se em qualquer um dos tópicos a seguir:

- » Mágoa
- » Ansiedade
- » Fracasso
- » Vergonha
- » Dor
- » Falta de confiança em si
- » Esperança
- » Perda
- » Tentativa
- » Amizade

INSTRUÇÕES

⏱ **Marque de 10 a 15 minutos no cronômetro.**

- » Seu poema em lista pode ter a extensão que você quiser.
- » Vire a página e comece a escrita livre.

FERIDAS

_____ é:
(Escreva o tema escolhido aqui.)

| EXERCÍCIO 12 | PARA AS PESSOAS QUE TOCARAM MEU CORPO |

Escreva uma carta dirigida a todas as pessoas que tocaram seu corpo.

⏱ **Marque 15 minutos no cronômetro e comece a escrita livre:**

Para todas as pessoas que tocaram meu corpo,

FERIDAS

rupi kaur

EXERCÍCIO 13 | PAREDES DO QUARTO

Leia o começo abaixo e escreva seus pensamentos livremente:

Se as paredes do meu quarto pudessem falar, elas diriam

rupi kaur

o amor vai chegar
e quando o amor chegar
o amor vai te abraçar
o amor vai dizer o seu nome
e você vai derreter
só que às vezes
o amor vai te machucar mas
o amor nunca faz por mal
o amor não faz jogo
porque o amor sabe que a vida
já é difícil o bastante

outros jeitos de usar a boca, p. 60

CAPÍTULO DOIS
AMORES

Comecei a escrever poesia porque queria explorar o que significava ser mulher. Vivemos em um mundo patriarcal onde a violência de gênero é muito difundida. Por meio da poesia, eu queria acessar histórias acerca dessa violência para escrever palavras que me dessem esperança.

Escrevi sobre essa violência por anos, até que uma voz dentro de mim disse: "Que canseira. Você escreve sobre como a violência é terrível, mas entende que ninguém pode tirar seu poder, não é?".

Foi essa voz desafiadora que me deu permissão para começar a explorar temas mais leves e não estar sempre enfiada em traumas até o joelho. Então, comecei a escrever sobre amor e sexualidade. Isso me ajudou a redefinir ideias tóxicas sobre o amor e trocá-las por ideias sustentáveis. Escrevi sobre prazer, orgasmos, sexo e masturbação como forma de reivindicar meu corpo. Ao fazer isso, eu me dei conta de que, embora eu possa precisar de algum tempo para me curar de um trauma sexual, também posso desfrutar dos prazeres que meu corpo é capaz de sentir. Não sou apenas o que me aconteceu. Sou multifacetada. Como uma sobrevivente, explorar esses tópicos é essencial.

Ao longo dos exercícios deste capítulo, espero que você possa ver mais de perto o que o amor significa para você, o que você quer que ele signifique nos próximos anos e o que você merece.

AMORES

| EXERCÍCIO 1 | AMOR |

No espaço abaixo, escreva cada palavra que lhe vem à mente quando você ouve a palavra "amor".

⏱ **1) Marque 1 minuto no cronômetro e comece.** Assim que o tempo acabar, siga para a parte 2.

2) Agora, descreva o amor sem usar a palavra "amor" nem nenhuma das palavras que você listou na parte 1.

🕐 **Marque 15 minutos no cronômetro e comece:**

AMORES

| EXERCÍCIO 2 | AMOR NÃO É |

Escreva uma lista de coisas que você acredita que o amor não é.

(Se precisar refrescar a memória a respeito do que é um poema em lista, confira a página 80.)

⏱ Marque 10 minutos no cronômetro e comece:

Amor não é:

… AMORES

| EXERCÍCIO 3 | O QUE EU SOU? |

Tire algum tempo para examinar o desenho a seguir:

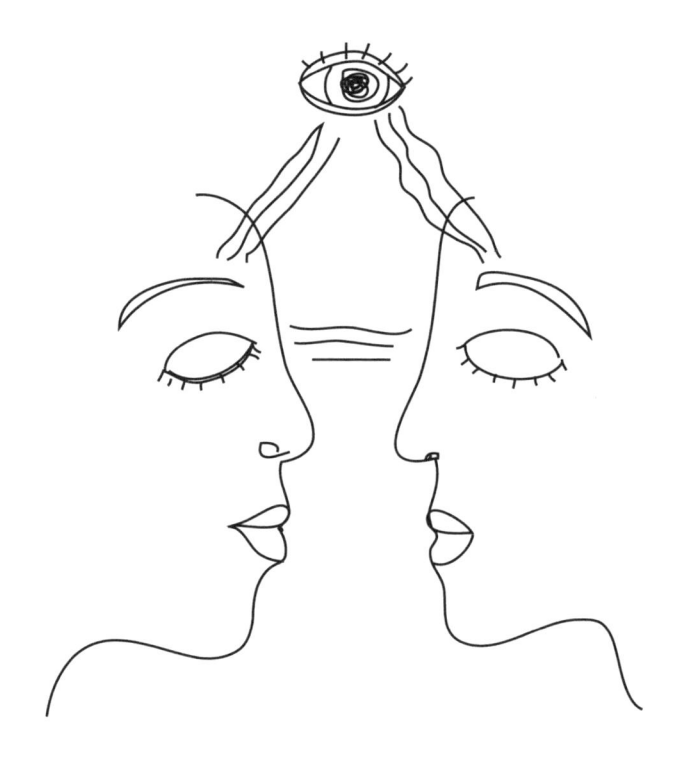

AMORES

Agora, escreva o que esse desenho te traz à mente. Qual foi a primeira coisa em que você pensou quando o viu? O desenho tem uma história? O que ele está tentando comunicar?

⏱ **Marque 10 minutos no cronômetro e comece:**

rupi kaur

AMORES

| EXERCÍCIO 4 | **DECLARAÇÃO, NECESSIDADES, OBJETIVO** |

> não quero ter você
> para preencher minhas partes vazias
> quero ser plena sozinha
> quero ser tão completa
> que poderia iluminar a cidade
> e só aí
> quero ter você
> porque nós dois juntos
> botamos fogo em tudo
>
> *outros jeitos de usar a boca*, p. 59

Escrevi esse poema durante um momento em que estava aprendendo a redefinir o amor.

Eu costumava permitir que pessoas me magoassem porque achava que era o preço a pagar pelos raros momentos em que elas me faziam me sentir bem. Por sorte, aprendi que eu merecia mais que isso e não podia mais permitir comportamentos tóxicos. Na verdade, eu não precisava que outra pessoa me fizesse me sentir bem, porque eu tinha o poder de fazer isso por mim mesma.

A pergunta a que estava tentando responder enquanto escrevia esse poema era: o que eu mereço?

Escrevi sobre como merecia alguém que se dedicasse à relação tanto quanto eu. Alguém que não se sentisse intimidado pela minha voz. Se ia criar espaço para outro ser humano em minha vida, eu queria que essa pessoa tivesse qualidades que amplificassem minha luz, não que a diminuíssem.

Neste exercício, vamos separar o poema e estudá-lo em partes.

O poema começa com uma **declaração**:
> não quero ter você
> para preencher minhas partes vazias

Segue para uma afirmação de **necessidades**:
> quero ser plena sozinha
> quero ser tão completa
> que poderia iluminar a cidade

E conclui com um objetivo **pretendido**:
> e só aí
> quero ter você
> porque nós dois juntos
> botamos fogo em tudo

Esse formato de declaração-necessidades-objetivo me ajuda a encontrar respostas quando estou passando por um período de transição. Esse formato também tem a habilidade de contar uma história sucinta. A declaração, a necessidade e o objetivo funcionam como começo, meio e fim.

Neste exercício, você vai escrever um poema com frases de declaração, necessidade e objetivo. Eu trago um tópico no começo de cada seção; tudo o que você tem que fazer é preencher o resto.

AMORES

INSTRUÇÕES

» **Declaração**: faça qualquer declaração à sua escolha. Esta seção revelará uma área de foco e estabelecerá o tom para o resto do poema.

» **Necessidades**: de que você precisa e não está recebendo?

» **Objetivo**: como quer que o futuro seja diferente? Que esperanças você tem? Que expectativas? O que vai aceitar? O que vai rejeitar?

---

1)

Abra o poema com uma **declaração**:

Eu não vou _____

_____

_____

_____

Siga com uma afirmação de **necessidades**:

Eu estou muito _____

_____

_____

_____

Conclua com um **objetivo** pretendido:

A pessoa que me merecer vai _____

_____

_____

_____

2) Agora, vamos tentar mais uma vez:

Abra o poema com uma **declaração**:
O que você fez foi _____
_____
_____
_____

Siga com uma afirmação de **necessidades**:
Imagine que _____
_____
_____
_____

Conclua com um **objetivo** pretendido:
A não ser que você seja/esteja _____
_____
_____
_____

AMORES

3) E mais uma vez:

Abra o poema com uma **declaração**:
Eu não ligo _____
_____
_____
_____

Siga com uma afirmação de **necessidades**:
Eu quero _____
_____
_____
_____

Conclua com um **objetivo** pretendido:
e _____
_____
_____
_____

4) E, por fim, escreva um poema totalmente por conta própria.

Abra o poema com uma **declaração**:

_____
_____
_____

Siga com uma afirmação de **necessidades**:

_____
_____
_____

Conclua com um **objetivo** pretendido:

_____
_____
_____

AMORES

| EXERCÍCIO 5 | PAIXÃO |

⏱ **1) Marque 10 minutos no cronômetro.** No espaço abaixo, desenhe como é a "paixão".

2) Na segunda parte deste exercício, você vai escrever um soneto sobre paixão (baseado em seu desenho na parte 1). Um soneto é um poema de 14 linhas. Há muitas maneiras de escrever um soneto, mas, já que nesse momento não estamos tão preocupadas com técnica ou estilo, não se preocupe com isso. Tudo o que você precisa fazer é escrever 14 linhas.

Eu sugeri começos para cada frase. Use seu desenho para ajudar a preencher os espaços.

A paixão tem cara de _____
À primeira vista, _____
_____

Ela quer _____
Tem som de _____
Me lembra de por que eu _____
quando me toca _____

Nunca vi _____
Sem forma alguma de _____
_____

A última vez _____
Imagine que _____
Enfim, _____

EXERCÍCIO 6 | PRAZER

Responda o seguinte:

Se você alguma vez já sentiu vergonha de conversar com a pessoa com quem está dormindo sobre o que quer fazer na cama, o que você pediria se a vergonha não existisse?

rupi kaur

| EXERCÍCIO 7 | LUZES ACESAS |

Faça uma lista de respostas para a seguinte pergunta:

1) O que te dá tesão?

2) Com base nessa lista, escreva um poema que envolva experimentar alguns desses tesões (ou todos).

Como mulher, meu prazer nem sempre é priorizado. É por isso que acho empoderador escrever poemas sexualmente positivos. Eles ajudaram a cimentar o fato de que meu corpo não serve apenas para agradar a outros. Eu também mereço prazer.

Eis aqui um poema sexualmente positivo que escrevi em *meu corpo minha casa*:

eu te quero tanto que o meu corpo já derreteu
e quando enfim tiramos a roupa eu transbordo
eu quero um amor que seja capaz
de transcender o meu eu
e me levar a outra dimensão
eu quero você tão fundo
que chegamos ao plano espiritual
no começo de leve e depois nem tanto
eu quero olho no olho
pernas abertas que apontam
para lados opostos do quarto
me olha com os dedos
eu quero sentir a ponta da minha alma
encostando na sua
eu quero chegar a
outro lugar e que saiamos desse quarto
transformados

- *será que você consegue*

meu corpo minha casa, p. 83

AMORES

⏱ Agora é sua vez. **Marque 15 minutos no cronômetro**. Já dei um começo para ajudar:

Você segura minhas mãos

rupi kaur

AMORES

| EXERCÍCIO 8 | UMA HISTÓRIA EM PROSA |

1) Responda o seguinte:

   a. Qual é o seu lugar favorito na sua cidade natal? _____

   b. Qual foi a última coisa que você comeu? _____

   c. Qual é a sua roupa favorita? _____

   d. Circule uma das palavras

   Misteriosa   Arrogante   Chata

   e. Circule um dos dois:

   Sim   Não

2) Use as respostas acima para preencher os espaços adequados:

Esse encontro está acontecendo em _____.
(Resposta do item a)

Você e a outra pessoa estão comendo _____.
(Resposta do item b)

Você está usando _____.
(Resposta do item c)

Na metade do encontro, você nota que a pessoa é muito _____.
(Resposta do item d)

No final, vocês transam? _____.
(Resposta do item e)

3) Agora chegamos à escrita. Imagine a situação: é sexta-feira à noite e você está num primeiro encontro. Todos esses espaços em branco que você acabou de preencher no passo 2 determinam os detalhes do seu encontro. Dados esses detalhes, escreva sobre o que aconteceria nesse encontro. Certifique-se de incluir todas as cinco respostas.

INSTRUÇÕES

⏱ **Marque 20 minutos no cronômetro.**

» Há muitas formas de escrever sobre esse encontro. Uma maneira é escrever como se ele estivesse acontecendo agora, no momento presente. Outra forma é escrever sobre ele no passado, como se estivesse contando a suas melhores amigas na manhã seguinte. Escolha um caminho, use a criatividade e divirta-se!

rupi kaur

AMORES

rupi kaur

EXERCÍCIO 9 — FAÇA UM BRINDE

Seja numa festa de aniversário, seja numa comemoração de aniversário de casamento, eu adoro um bom discurso! Meu tipo favorito de discurso é aquele que surge no calor do momento.

Digamos que eu esteja no aniversário de uma amiga e me divertindo um montão. Sou aquela pessoa que adora reunir todo mundo em um círculo para dizer algo legal sobre a aniversariante. Esses momentos em que as pessoas improvisam permitem que fiquem mais vulneráveis. Elas dizem coisas emotivas, doces, engraçadas, até bregas. Palavras que arrancam uma chuva de "ahhh" e "ownnn" dos outros. Esses são os discursos que amo.

Um discurso não planejado é muito parecido com a escrita livre. Nenhum dos dois tem filtro ou edição. Neste exercício, você vai escrever livremente um discurso sobre um dos cenários a seguir. Escolha o que mais inspira você e comece a escrever:

- » É o dia do seu casamento. Da perspectiva de um amigo ou uma amiga muito próxima, escreva o discurso que ela faria em seu casamento.
- » Você e seu parceiro ou parceira estão esperando o primeiro bebê. Em uma manhã, enquanto está escovando os dentes, uma onda de emoção toma conta de você. Em frente ao espelho, você sente inspiração para dizer algumas palavras à criança que está para nascer.
- » Pedem que você faça um discurso de abertura para a turma que está se formando numa universidade local. Em pé no palco e atrás do microfone no dia da formatura, o que você diz para eles?

rupi kaur

AMORES

rupi kaur

EXERCÍCIO 10 | ÁGUA, TERRA, ÁRVORES E FOLHAS

Neste exercício, você vai escrever cinco peças diferentes, cada uma com quatro linhas. Cada poema terá um tema diferente escolhido para você. A única regra é que seus poemas não podem ter mais que quatro linhas. Pense no exercício do caroço de pêssego da página 37 para se inspirar.

Marque 2 minutos no cronômetro para cada peça:

1) *Saudade é* _____

_____

_____

_____

_____

2) *Diversão é* _____

_____

_____

_____

_____

3) *Amizade é* _____

_____

_____

_____

_____

_____

4) *Risada é* _____

_____

_____

_____

_____

_____

5) *Comunidade é* _____

_____

_____

_____

_____

_____

EXERCÍCIO 11 | PRIMEIRAS VEZES

Vamos dar uma volta pela floresta da memória. Complete os começos a seguir no espaço dado. Se nunca tiver passado por alguma das experiências sugeridas por mim, use a imaginação.

1) *Meu primeiro amor*

2) *Meu primeiro beijo*

3) *Minha primeira experiência sexual consensual*

4) Para a parte final deste exercício, você vai escrever um poema a ser declamado, um *spoken word*. Lembre-se: esse tipo de poema tem o objetivo de ser lido em voz alta. Para uma descrição mais longa do que é essa poesia, revisite a página xiv, na introdução.

Para começar, escolha um dos cenários sobre os quais escreveu nos tópicos 1 a 3 para ser o tema de sua peça. Escreva em estrofes/parágrafos, o que lhe parecer mais natural. Na página seguinte, você vai encontrar instruções detalhadas sobre o que escrever em cada uma das quatro estrofes/parágrafos. Leia as instruções por completo e volte a elas antes de começar cada uma das quatro partes. Vire a página e comece.

INSTRUÇÕES

» **Parte um: Criando um mundo**

Dependendo do seu tema, comece a peça com uma das frases a seguir:

> » *Meu primeiro amor...*
>
> » *Meu primeiro beijo...*
>
> » *Minha primeira experiência sexual consensual...*

Neste parágrafo/estrofe, descreva a experiência em poucos detalhes, sem descrever as emoções. Diga quem, o quê, onde, quando e por quê. A intenção desta primeira parte é montar o cenário.

» **Parte dois: Emoções**

Comece esta seção com a palavra "**Foi**" e escreva sobre como foi a sensação dessa experiência. Aqui você pode descrever emoções e sentimentos com todos os detalhes que quiser.

» **Parte três: Reflexão**

Comece esta seção com as palavras "**Antes desse momento, eu pensava que**" e escreva se sua primeira experiência foi exatamente como você imaginava que seria. Foi diferente quando aconteceu? Foi melhor ou pior?

» **Parte quatro: Perspectiva**

Comece esta seção com as palavras "**Hoje, aqui sentada**" e escreva sobre como você se sente a respeito dessa experiência do ponto vantajoso de hoje. Qual é a sua opinião sobre tudo isso agora?

⏱ **Marque de 5 a 7 minutos no cronômetro para escrever cada parte.**

rupi kaur

AMORES

rupi kaur

AMORES

EXERCÍCIO 12 | RETORNAR A MIM MESMA

em um mundo que pensa

que meu corpo não me pertence

dar prazer a mim mesma é um ato

de amor-próprio

quando me sinto desconectada

eu me conecto com meu cerne

um toque por vez

eu retorno a mim mesma

na hora do orgasmo

meu corpo minha casa, p. 76

Quais alegrias ou vergonhas você ainda tem a respeito da masturbação?

EXERCÍCIO 13 — CLÍMAX

Descreva um orgasmo sem usar a palavra "orgasmo".

| EXERCÍCIO 14 | INTROSPECÇÕES |

Escrever é explorar. É algo que ajuda você a encontrar respostas para perguntas difíceis, e essas respostas com frequência podem surpreender.

Responda a cada pergunta hipotética com o máximo de verdade que puder:

1) Você pensa que amor, e apenas amor, é suficiente para fazer uma relação durar? Ou outros elementos, como dinheiro e carreira, são essenciais para o sucesso de um relacionamento de longo prazo?

AMORES

2) O que você pensa sobre "perder a cabeça" quando se apaixona? Há quem diga que a sua "alma gêmea" deveria fazer você se sentir centrado e estável, e não "com a cabeça fora do lugar", enquanto tem quem diga que sua "alma gêmea" deve levar você às nuvens. O que você acha?

AMORES

3) Você acha que seres humanos nasceram para estar em relacionamentos monogâmicos ou que a monogamia vai contra a nossa natureza?

AMORES

4) A traição é perdoável? Por quê?

AMORES

5) Você está em um casamento feliz com o amor da sua vida há dez anos. Vocês têm dois filhos incríveis juntos. A pessoa que está ao seu lado é sua melhor amiga e vocês duas se divertem muito em casal. Um dia, você esbarra numa pessoa completamente desconhecida numa cafeteria e é amor à primeira vista. Vocês começam a conversar, você sente curiosidade e passa seu número de telefone. De imediato, começam a trocar mensagens de texto e, duas semanas depois, você tem a certeza de que essa pessoa é sua alma gêmea. Se a voz de Deus dissesse que essa pessoa de fato é sua alma gêmea, o que você faria? Terminaria seu casamento com a pessoa que você ainda ama profundamente para buscar um futuro com a outra? Por quê?

AMORES

rupi kaur

6) À sua frente, há duas pessoas:

» A primeira pessoa tem origem muito humilde. Apesar de não ter tido nenhum apoio financeiro ao longo da vida, essa pessoa conseguiu pagar a faculdade sozinha. No emprego atual, ela recebe cerca de 40 mil reais por ano, ou seja, R$ 3.300 por mês. Não se espera que essa pessoa ganhe muito mais dinheiro que isso no tipo de trabalho em que está, mas ela está feliz com a renda fixa. Apesar de talvez não poder lhe dar os luxos que você gostaria de experimentar, é uma pessoa encantadora e engraçada, e você ama passar tempo com ela.

» A segunda pessoa tem centenas de milhões de dólares. Tem casas lindas por todo o mundo. Estar com essa pessoa significaria poder fazer o que seu coração desejasse. Você ama como essa pessoa é poderosa e sexy. No entanto, ela é um pouco egoísta e narcisista e, com frequência, deixa de colocar você em primeiro lugar.

Qual dessas pessoas você escolheria como parceira de longo prazo? Por quê?

rupi kaur

AMORES

rupi kaur

7) Se você pudesse redefinir toda a cultura dos encontros, como você a mudaria?

rupi kaur

o jeito como
vão embora
diz
tudo

outros jeitos de usar a boca, p. 143

CAPÍTULO TRÊS
RUPTURAS

Términos são um saco. É difícil alguém se safar e não ter passado por um ao menos uma vez, ou até diversas vezes. Estou na categoria do "muitas vezes" e, vou dizer, não importa por quantos você passe, os términos nunca ficam mais fáceis.

Um coração partido faz você ter certeza de que a sua vida acabou e que você nunca vai se recuperar. Você repassa memórias na cabeça, perguntando-se o que poderia ter feito de diferente. Você se revira atrás de maneiras de ter feito funcionar. É como se estivesse de luto – só que o que morreu foi o futuro que vocês dois estavam construindo. Tudo terminado num instante. É apavorador.

Mas o tempo cura tudo; até que isso aconteça, ocupe-se. Comece uma aula de dança, faça planos com os amigos, faça voluntariado, encontre um hobby novo. Claro, a sensação é de que nunca vai melhorar, mas prometo que um dia você vai acordar e se dar conta de que você, e só você, é tudo de que precisava.

Os exercícios deste capítulo estão baseados em mágoa e vão trabalhar com esse coração partido. Lembre-se de que não são apenas relacionamentos românticos que podem partir seu coração. Às vezes, é um amigo, um pai ou mãe ou um sonho que não deu certo. Não importa quem ou o que seja, você sobrevive e se nega a se transformar na vítima de sua história.

RUPTURAS

EXERCÍCIO 1 | O QUE VOCÊ PREFERE?

Responda à pergunta a seguir:

Se você tivesse que explicar para uma criança de 5 anos como é um coração partido, o que você diria?

rupi kaur

| EXERCÍCIO 2 | **EGOÍSTAS** |

Neste exercício, você vai ler meu poema "egoístas", de *outros jeitos de usar a boca*. Duas semanas depois de passar por um término muito ruim, que coincidentemente calhou de ser a véspera do meu aniversário, escrevi esse poema por pura raiva. Eu estava com raiva porque faltavam doze horas para meu aniversário, e essa mágoa o arruinaria. Eu estava com raiva porque esse cara tinha conseguido o que queria e ido embora. Eu queria arrancar meus cabelos – ou, talvez, os dele.

No dia em que o escrevi, eu estava no banco do carona do carro do meu primo e estávamos saindo do estacionamento do supermercado quando esse sentimento tomou conta de mim. Elizabeth Gilbert chama isso de "grande mágica". É quando a criatividade subitamente toma conta do seu corpo e a mágica flui de você sem esforço. Ela permite que você crie com tanta facilidade que você acredita que nasceu para isso. Esses momentos não acontecem com frequência, mas, quando acontecem, são magníficos.

Naquele dia, eu senti essa "grande mágica", peguei meu iPhone 5 e comecei a digitar enfurecidamente no bloco de notas. Enquanto eu apertava a tela com os dedos, senti uma raiva maravilhosa. Uma raiva que me fez sentir que estava me enchendo de força e me transformando na gigante que fui feita para ser. Uma ou duas vezes meu primo tentou puxar assunto, e eu tive que mandá-lo calar a boca. Por sorte, ele já tinha me visto nesse estado de "grande mágica", então não se ofendeu e obedeceu. O caminho de volta para casa durou apenas sete minutos e, ao chegar, eu tinha escrito várias páginas.

Quando entramos na garagem, meu coração estava acelerado. Não me lembro do meu primo saindo do carro, tirando as compras do porta-malas ou levando-as para dentro da casa. O que me lembro é de digitar a última linha do poema e me sentir *gloriosa*.

Nas próximas páginas, você vai ler e trabalhar esse poema. Para os propósitos do exercício, eu o dividi em três seções. Entre uma seção e outra, deixei um espaço para você escrever novas estrofes para o poema. Lembre-se: é um exercício de escrita livre, então não importa se seus acréscimos deixarem o poema "bagunçado" ou "confuso". Esse é o objetivo.

Quero ver como a sua raiva se manifesta, sem filtro, na página, assim como a minha quando escrevi o poema.

INSTRUÇÕES

» Antes de começar a escrever, leia todas as três seções do poema, do começo ao fim.

» Então, volte ao começo, releia a primeira seção para inspirar sua escrita livre no primeiro espaço em branco e escreva o que lhe vier à mente.

» Quando terminar de escrever no primeiro espaço, releia tudo e deixe que as palavras inspirem você para o segundo bloco.

» Quando terminar de escrever no segundo espaço, releia tudo e deixe que as palavras inspirem você para o terceiro bloco.

Vire a página para começar o exercício.

RUPTURAS

vou te falar sobre pessoas egoístas. mesmo quando sabem
que vão te machucar entram na sua vida pra sentir seu gosto
porque você é o tipo de criatura que elas não querem deixar
escapar. você brilha muito pra que te ignorem. quando
derem uma boa conferida em tudo que você tem pra dar.
quando tiverem levado sua pele seu cabelo seus segredos.
quando perceberem o quanto isso é real. a tempestade
que você é então tudo vai fazer sentido.

é aí que a covardia se instala. é aí que as pessoas que
você pensou conhecer são substituídas pela triste realidade
do que são. é aí que elas perdem toda a força de seu
corpo e se retiram dizendo que *você vai encontrar alguém melhor.*

você vai ficar lá pelada com parte delas ainda escondida em algum lugar dentro e soluçar. perguntando por que fizeram aquilo. por que te forçaram a amá-las se não tinham nenhuma intenção de amar de volta e elas vão dizer alguma coisa do tipo *eu precisava tentar. eu tinha que dar uma chance. afinal de contas era você.*

mas isso não é romântico. isso não é fofo. a ideia de que foram tão envolvidas pela sua existência que precisaram se arriscar a feri-la só pra que soubessem que não saíram perdendo. sua existência pouco importava em comparação à curiosidade que tinham por você.

essa é a questão sobre as pessoas egoístas. elas
transformam outros seres em apostas. almas pra satisfazer
as suas próprias. num minuto estão te pegando no colo
como se você significasse o mundo para elas e no outro
te reduzem a uma simples fotografia. um momento.
alguma coisa do passado. um segundo. elas engolem
você e sussurram que querem passar o resto de
suas vidas com você. mas no momento em que sentem
que há medo. já estão com um pé pra fora da porta
mas não têm coragem de deixar você partir com
classe. como se o coração humano fosse tão pouco para
elas

e depois de tudo isso. depois de tudo que levaram. da
ousadia. não é triste e engraçado que hoje as pessoas
tenham mais coragem de despir alguém com os
dedos do que elas têm de pegar o telefone e ligar.
pedir desculpas. pela perda. e é assim que vocês
a perdem.

- egoístas

outros jeitos de usar a boca, p. 140-141

RUPTURAS

| EXERCÍCIO 3 | **LISTA DE AFAZERES** |

Aqui temos outro poema de *outros jeitos de usar a boca*:

> lista de tarefas (depois que terminamos):
> 1. buscar refúgio na sua cama.
> 2. chorar. até as lágrimas acabarem (vai levar uns dias).
> 3. não escutar músicas lentas.
> 4. deletar o número da pessoa do seu telefone mesmo que esteja memorizado nas pontas dos seus dedos.
> 5. não olhar fotos antigas.
> 6. ir à sorveteria mais próxima e se presentear com duas bolas de menta com flocos de chocolate. a menta vai acalmar seu coração. você merece o chocolate.
> 7. comprar lençóis novos.
> 8. juntar todos os presentes, camisetas e tudo que tenha o cheiro da pessoa e deixar num centro de doação.
> 9. planejar uma viagem.
> 10. dominar a arte de sorrir e balançar a cabeça quando alguém mencionar o nome da pessoa no meio da conversa.
> 11. começar um projeto novo.
> 12. aconteça o que acontecer. não telefonar.
> 13. não implorar por quem não quer ficar.
> 14. parar de chorar mais cedo ou mais tarde.
> 15. se dar ao luxo de se sentir idiota por acreditar que você poderia ter construído uma vida na barriga de alguém.
> 16. respirar.
>
> *outros jeitos de usar a boca*, p. 142

Neste exercício, você vai escrever a sua própria lista de tarefas. No entanto, seu poema em lista vai trazer "coisas a fazer em momentos de tristeza".

INSTRUÇÕES

- » Evite usar os itens da minha lista; bole os seus próprios.
- » Lembre-se de escrever livremente! Apenas energia sem filtro ou censura, por favor. 😃
- » A lista pode ter a extensão que você quiser.

Vire a página e comece.

RUPTURAS

Lista de tarefas para momentos de tristeza:

»

»

»

»

»

»

»

»

»

»

»

»

»

»

| EXERCÍCIO 4 | IDEIA *VERSUS* REALIDADE |

será que você pensou que eu fosse uma cidade
grande o suficiente pra passar o feriado
eu sou a cidadezinha ao redor dela
aquela que você talvez não conheça
mas sempre atravessa
aqui não tem luz de neon
nem arranha-céu ou estátua
mas não vai faltar trovoada
porque eu deixo as pontes trêmulas
eu não sou carne de vaca sou geleia feita em casa
firme o bastante pra cortar a coisa mais
doce que sua boca vai tocar
eu não sou a sirene da polícia
eu sou o estalo da lareira
eu te queimaria e mesmo assim
você não tiraria os olhos de mim
porque eu ia ficar tão gata
que você ia corar
eu não sou um quarto de hotel eu sou a sala de casa
eu não sou o whisky que você quer
eu sou a água que é necessária
então não venha com expectativas
e tente me transformar numa viagem de férias

outros jeitos de usar a boca, p. 97

Não é *hilária* a quantidade de desculpas que inventamos para alguém com quem queremos estar romanticamente envolvidos? Podemos nos distrair tanto com nossos próprios sentimentos que não vemos quem essa pessoa é; tudo o que vemos é nossa ideia projetada dela. Essa ideia pode se tornar tão forte que começamos a ignorar qualquer sinal de perigo. Pensamos que nosso amor por essa pessoa será forte o suficiente para inspirar mudança. No final das contas, temos que soltar e aceitar a realidade.

Depois de um relacionamento assim, com frequência faço listas mentais das ideias que projetei naquela pessoa – todas as narrativas que inventei a respeito dela com base em meus sentimentos. Então, comparo a lista com as ações dela, porque são as ações que demonstram a realidade. Essa comparação de "ideia" *versus* "realidade" me ajuda a superar a pessoa mais rápido; me ajuda a saber que a maioria das coisas pelas quais me apaixonei nunca esteve *realmente* ali.

Não sei exatamente por que projetamos histórias assim nas pessoas. Talvez seja a natureza humana. Talvez sejam os contos de fadas que lemos quando crianças ou as comédias românticas que vemos quando crescemos.

Neste exercício, quero que você pense em um relacionamento do passado, ou então em uma amizade ou um amor não correspondido, e preencha a tabela com as suas "ideias sobre a pessoa" *versus* a "realidade".

INSTRUÇÕES

- » Em primeiro lugar, preencha a coluna "minha ideia sobre a pessoa" com todas as ideias e narrativas falsas que você teve sobre ela.
- » Depois de completar a coluna "minha ideia sobre a pessoa", comece a preencher a coluna "realidade" linha por linha.
- » Você não precisa preencher todas as dez linhas, mas preencha tantas quantas puder.
- » Deixei um exemplo para dar os primeiros passos.

	MINHA IDEIA SOBRE A PESSOA	VS.	REALIDADE
1	Eu achava que ele era uma pessoa acolhedora e gentil porque era acolhedor e gentil comigo.	VS.	Descobri que ele não era tão gentil quanto eu pensava. Com frequência, ele julgava os outros e fazia comentários cruéis a respeito de coisas que não sabia. Eu ignorava isso porque queria demais que ele fosse a "pessoa certa".
2		VS.	

MINHA IDEIA SOBRE A PESSOA	VS.	REALIDADE
3	VS.	
4	VS.	
5	VS.	
6	VS.	

	MINHA IDEIA SOBRE A PESSOA	VS.	REALIDADE
7		VS.	
8		VS.	
9		VS.	
10		VS.	

| EXERCÍCIO 5 | QUANDO VOCÊ VÊ TUDO TÃO CLARO MAS A OUTRA PESSOA NÃO VÊ NADA |

você disse. se é pra ser. o destino vai nos unir
de novo. por um segundo me pergunto se você é mesmo
tão ingênuo. se acredita de verdade que o destino funciona
assim. como se ele vivesse no céu e nos observasse. como
se tivesse cinco dedos e passasse o tempo movendo a gente
como peças de xadrez. como se não fossem as escolhas que
fazemos. quem foi que te ensinou isso. me diz. quem
foi que te convenceu. de que você ganhou um coração e
uma cabeça que não pertencem a você. que suas ações
não definem o que vai acontecer com você. quero
gritar e berrar que *somos nós seu idiota. somos as únicas
pessoas que podem nos unir novamente.* mas em vez
disso eu sento quieta. sorrindo de leve pensando
entre lábios trêmulos. é ou não é uma coisa trágica.
quando você vê tudo tão claro mas a outra pessoa
não vê nada.

outros jeitos de usar a boca, p. 84

Não é interessante como duas pessoas conseguem perceber a mesma situação de maneiras tão diferentes?

Neste exercício, reflita sobre alguma situação que você tenha vivido em qualquer tipo de relacionamento – com um parceiro, pai ou mãe, amigo ou até colega de trabalho – em que vocês dois tenham visto a mesma situação de duas formas diferentes. Quais foram as diferenças de percepção e como elas fizeram você se sentir?

Deixo um pontapé inicial para começar:

Nós estávamos olhando para

RUPTURAS

| EXERCÍCIO 6 | **FALSIDADES** |

      você foi a coisa mais bonita que eu tinha sentido até
      então. e eu estava certa de que continuaria sendo a coisa
      mais bonita que eu poderia sentir. será que sabe como isso
      pode ser sufocante. ser tão jovem e pensar que tinha
      encontrado a pessoa mais incrível que eu poderia
      conhecer. em como ia me acomodar pelo resto da vida.
      pensar que tinha provado o mel em sua forma mais pura e
      que tudo mais teria um gosto refinado e sintético. que
      depois disso mais nada faria diferença. que nem todos os
      anos à minha frente combinados poderiam ser
      mais doces que você.

      - *falsidade*

      outros jeitos de usar a boca, p. 108

    Que pensamento trágico imaginar que, no começo dos meus 20 anos, eu havia sentido o maior amor da minha vida e que ninguém mais me amaria dessa forma.
    Será que eu estava desesperada por querer tanto essa pessoa? Estava insegura? Será que não tinha nenhuma autoestima? Talvez eu tivesse me agarrado a relacionamentos tóxicos porque não sabia que havia outras possibilidades melhores. Quando se cresce em ambientes extremamente estressantes, estar estressado tende a ser seu estado normal. Alguém que cresce num ambiente saudável é capaz de reconhecer uma relação tóxica como sinal de alerta para ir embora; mas, para alguém cujo estado de repouso é a ansiedade, um relacionamento tóxico pode parecer normal. Então, basta que um otário dê a essa pessoa o mínimo de atenção para que ela pense no mesmo instante que encontrou a pessoa "certa".

Escrevi este poema enquanto tentava me convencer de que, mesmo que cada célula do meu corpo estivesse vidrada nele, ele não era bom para mim. Não importava se eu acreditava nisso ou não; eu dizia a mim mesma que *iria* encontrar o amor de novo e que *esse* amor seria mais feliz e saudável.

Escrevi esse poema quando tinha 20 anos, e ele foi publicado em *outros jeitos de usar a boca*. Quando eu já tinha 24 anos e estava publicando *o que o sol faz com as flores*, ler esse poema me fez ter a sensação de ler a experiência de outra pessoa. Minha versão de 24 anos não reconhecia a de 20 que pensava que já tinha conhecido a pessoa mais emocionante de toda a vida. Eu tinha crescido demais naqueles quatro anos. Não quero dizer que minha versão de 20 anos tinha errado; era só uma percepção diferente numa idade diferente. É incrível como o tempo pode mudar nossa percepção das situações. Se me pedissem para escrever uma nova versão desse poema hoje, ela provavelmente seria algo como:

> você não vai ser a coisa mais bonita que eu já senti
> décadas de grandeza pra mim por vir
> não vou diminuir meu brilho pra te creditar
> minha vida recém-começou
> mal posso esperar pra sair por aí
> e provar o resto

> - *falsidade 2.0*

Está vendo a diferença de perspectiva? Amo revisitar poemas antigos e ver o quanto cresci.

Neste exercício, você vai escrever um poema em prosa em dois parágrafos.

No primeiro parágrafo, revisite um momento da sua vida em que você perdeu algo e sentiu que nunca mais experimentaria algo tão grande quanto aquele momento. Escreva sobre qual falsidade tinha te convencido e por quê.

No segundo parágrafo, escreva da perspectiva de hoje sobre como aquela falsidade estava incorreta. Como você vê a situação agora? Como você cresceu? Deixo um pontapé inicial para começar cada parágrafo.

⏱ **Marque 15 minutos no cronômetro e comece.**

Eu tinha certeza de que

RUPTURAS

Agora me dou conta de que

rupi kaur

EXERCÍCIO 7 — O QUE EU NÃO SABIA

> o que mais sinto falta é de como você me amava. mas o que
> eu não sabia é que seu amor por mim tinha tanto a ver com
> quem eu era. era um reflexo de tudo o que eu dei pra
> você. voltando pra mim. como não percebi isso. como.
> pude ficar aqui imersa na ideia de que mais ninguém me
> amaria daquele jeito. se fui eu que te ensinei. se fui
> eu que mostrei como preencher. do jeito que precisava ser
> preenchida. como fui cruel comigo. te dando o crédito pelo
> meu calor só porque você o sentiu. pensando que foi
> você quem me deu força. inteligência. beleza. só porque
> reconheceu essas coisas. como se eu não fosse tudo isso
> antes de te conhecer. e se não continuasse depois que você
> se foi.

outros jeitos de usar a boca, p. 138

Uhuuuul!!!!! Essa é a versão foda de mim, que agarra aquela versão tristonha e diz: "Vamos nessa, porque vamos brigar com todo mundo e com a mãe deles também". Amo essa versão de mim. Ela me permite chorar, reclamar e sentir pena de mim mesma, e então me arranca da minha depressão.

Chamo esse poema de meu poema redentor. Metade dele sou eu falando de tooodas as coisas que achei que tinha perdido, enquanto a segunda metade sou eu me dando conta de que não tinha perdido merda nenhuma.

Neste exercício, você vai escrever seu próprio poema redentor. Assim como o meu, o seu terá duas partes.

INSTRUÇÕES

» Pense em algo que você sentiu depois que alguém foi embora da sua vida. Esse será o tema do seu poema.

» Comece o poema escrevendo a respeito do que você pensou que tinha perdido. Por que e como você achou que havia perdido?

» Antes de começar a segunda parte do poema, pense no que você diria a uma grande amiga que se sentisse dessa maneira. Você provavelmente a agarraria pelos ombros e a chacoalharia até que ela se desse conta de quão incrível é. O que você diria para que ela se sentisse bem? Agora, diga o mesmo para você.

Marque 15 minutos no cronômetro e comece a escrita livre:

RUPTURAS

rupi kaur

EXERCÍCIO 8 — VOCÊ PREFERE...?

Você prefere que terminem com você ou prefere ser a pessoa que termina?

rupi kaur

| EXERCÍCIO 9 | **O QUE EU SOU?** |

Tire um tempo para examinar o desenho a seguir:

Agora, escreva sobre o que esse desenho te faz pensar. Qual foi a primeira coisa em que você pensou quando o observou? O desenho tem uma história? O que ele está tentando comunicar?

⏱ **Marque 10 minutos no cronômetro e comece:**

rupi kaur

| EXERCÍCIO 10 | NÃO SEJA A VÍTIMA DA SUA PRÓPRIA HISTÓRIA |

⏱ **Marque 15 minutos no cronômetro e responda à pergunta a seguir em escrita livre:**

De que formas você poderia assumir mais responsabilidade sobre a sua vida?

rupi kaur

RUPTURAS

| EXERCÍCIO 11 | PERDÃO |

⏱ **Leia as perguntas a seguir, marque 10 minutos no cronômetro e comece a escrita livre:**

Quem você precisa perdoar? Há um motivo pelo qual você ainda não perdoou essa pessoa?

RUPTURAS

| EXERCÍCIO 12 | AS MAIORES LIÇÕES |

Por mais que seja um saco e por mais que eu espere *nunca* mais passar por isso de novo, ter o coração partido nos ensina importantes lições. Em sua opinião, quais foram as maiores lições que você aprendeu ao ter o coração partido? Complete este exercício em parágrafos, em estrofes ou como um poema em lista.

Marque 10 minutos no cronômetro e comece a escrita livre:

RUPTURAS

| EXERCÍCIO 13 | RESPONSABILIDADE |

Marque 15 minutos no cronômetro, leia a pergunta a seguir e comece a escrita livre:

De que forma você já magoou outras pessoas?

RUPTURAS

rupi kaur

RUPTURAS

| EXERCÍCIO 14 | NAMORE-SE |

você precisa começar um relacionamento
consigo mesma
antes de mais ninguém

outros jeitos de usar a boca, p. 150

⏱ **Marque 10 minutos no cronômetro e responda às perguntas a seguir:**

1) Como seria se você começasse uma relação mais saudável consigo mesma?

rupi kaur

RUPTURAS

2) Tenho uma amiga que sempre quis um cara que desse um anel de diamante para ela. Depois de ter sido traída pelo último namorado, ela se deu conta de que buscar um cara que lhe desse um anel de diamante não fazia sentido. Ela podia muito bem comprar um anel para si mesma; então, ela se deu um anel de diamante de presente.

Tenho outra amiga que é feliz solteira e acabou de celebrar seu quadragésimo aniversário. A coisa que ela queria mais do que qualquer outra era ter um bebê. No entanto, ela não conseguia se imaginar em um relacionamento sério num futuro próximo e decidiu que se tornar mãe não deveria depender de encontrar um parceiro. Uma coisa não precisava da outra. Agora, ela é mãe solteira de um lindo menino.

Algumas de minhas outras amigas compraram sua primeira casa sozinhas. Outras compram flores para si mesmas e saem para jantar fora sozinhas uma vez por semana.

Quais coisas você sempre quis que um parceiro fizesse por você, mas que poderia fazer por conta própria?

RUPTURAS

rupi kaur

| EXERCÍCIO 15 | NÃO É O MELHOR MOMENTO |

⏱ **Responda à pergunta a seguir com o máximo de sinceridade possível. Marque 15 minutos no cronômetro e comece a escrita livre:**

Você já continuou com uma pessoa de que não gostava tanto só porque ela era legal e "cumpria todos os seus requisitos"?

rupi kaur

RUPTURAS

| EXERCÍCIO 16 | A PONTE |

Ao longo da maior parte deste capítulo, exploramos o coração partido por uma decepção romântica. Neste exercício, vamos mergulhar um pouco mais fundo.

Feche os olhos e respire fundo algumas vezes. Alguns dias, preciso respirar por cinco minutos para me sentir centrada. Outros dias, preciso de vinte minutos. Quando se sentir centrada, abra os olhos, vá para a página a seguir e comece.

RUPTURAS

1) Desenhe a sensação de estar "magoada":

2) Desenhe a sensação de estar "curada":

3) Em poucas palavras, anote as diferenças e as semelhanças entre seus dois desenhos.

» Diferenças entre os dois desenhos:

» Semelhanças entre os dois desenhos:

» Outras observações:

4) Nos desenhos deste exercício, você explorou o que é se sentir magoada e curada. Agora, na parte escrita, você vai explorar o que acontece entre esses dois sentimentos: a jornada entre ser "ferida" e ser "curada". Como é essa jornada? Inspire-se em ocasiões em que você precisou juntar seus pedacinhos em momentos difíceis e seguir em frente.

Observe seus desenhos e anotações das partes 1 a 3 para ajudar na escrita. Deixei uma sugestão para ajudar a começar.

🕐 **Marque 15 minutos no cronômetro e comece a escrita livre:**

O meio do caminho é estranho.
É um despertar de como eu via
para como eu vou ver.

RUPTURAS

rupi kaur

| EXERCÍCIO 17 | ESTIVE PROCURANDO POR VOCÊ |

Escolha uma pessoa de seu passado ou presente, alguém que você gostaria de conhecer ou alguém vivo ou morto.

Neste exercício, você vai escrever uma carta para essa pessoa usando todas as dez palavras do banco de palavras da página a seguir.

INSTRUÇÕES

» Prepare um cronômetro. Uma vez que tiver lido o tema, dê início à contagem do tempo e comece a escrita livre.

» Quando o tempo chegar a **2 minutos**, vá para a primeira palavra listada no banco de palavras da página a seguir e use-a na sua escrita no mesmo instante. Depois de incorporar a palavra, continue escrevendo.

» Quando o tempo chegar a **4 minutos**, vá para a segunda palavra listada no banco de palavras da página a seguir e use-a na sua escrita. Depois de incorporar a palavra, continue escrevendo.

» Quando o tempo chegar a **6 minutos**, use a terceira palavra. Quando o tempo chegar a **8 minutos**, use a quarta palavra, e assim por diante, até todas as dez palavras serem usadas e você concluir a escrita de maneira que a agrade.

Este exercício deve levar **22 minutos** para ser feito. Basicamente, você vai usar os dois primeiros minutos para começar a carta com o tema que lhe dei e, depois, dois minutos em cada uma das dez palavras da lista.

⏱ **Marque 22 minutos no cronômetro, respire fundo e comece a escrita livre:**

Banco de palavras:
1. Cadeira (incluir depois de 2 minutos)
2. Flor (incluir depois de 4 minutos)
3. Sal (incluir depois de 6 minutos)
4. Relógio (incluir depois de 8 minutos)
5. Correr (incluir depois de 10 minutos)
6. Trânsito (incluir depois de 12 minutos)
7. Amarelo (incluir depois de 14 minutos)
8. Algodão (incluir depois de 16 minutos)
9. Unhas (incluir depois de 18 minutos)
10. Tornado (incluir depois de 20 minutos)

Querido/a _____.

Demorei muito para chegar. Estive procurando por você.

RUPTURAS

rupi kaur

RUPTURAS

rupi kaur

EXERCÍCIO 18 | POEMA CIRCULAR

Um poema circular é um poema que começa e termina com exatamente as mesmas palavras, expressões ou frases, ou com uma variação delas. Eis aqui um antigo poema circular que escrevi:

>terminei com a pessoa que amo
>deixei as amizades
>mudei de cidade
>mas ainda acordava
>no escuro
>acontece que dá pra fugir da sua vida
>mas a tristeza é como uma sombra
>que te segue pra todos os lados
>no dia seguinte quando
>acordei
>voltei pra cidade
>fiz as pazes com os amigos
>e beijei a pessoa que amo

Note que a maneira como terminei o poema (linhas 10 a 13) é parecida com como o comecei (linhas 1 a 4). Esse retorno é o que torna o poema circular.

As linhas 1 a 4 dizem:

>terminei com a pessoa que amo
>deixei as amizades
>mudei de cidade
>mas ainda acordava

As linhas 10 a 13 dizem:
>   acordei
>   voltei pra cidade
>   fiz as pazes com os amigos
>   e beijei a pessoa que amo

O começo e o fim de seu poema circular não têm de ser *exatamente* iguais; eles precisam apenas ser próximos o suficiente para que a repetição seja reconhecível.

Gosto de escrever e ler poemas circulares porque eles têm um ritmo bom. Amo quando os finais encontram seus começos, quando o circuito é fechado. Neste exercício, você vai escrever o seu próprio poema circular.

1) Para começar, anote um hábito que você gostaria de poder eliminar.

Seu poema vai começar com as palavras:

Eu gostaria de parar de _____
(o hábito que você gostaria de eliminar)

Como você está escrevendo um poema circular, as últimas frases têm que ser parecidas com as primeiras. Lembre-se de fazer esse retorno. Deixo alguns pontapés iniciais para ajudar a começar.

RUPTURAS

Neste exercício, escreva apenas nas linhas.

⏱ **Marque 15 minutos no cronômetro e comece a escrita livre:**

Eu gostaria de parar de _____
É algo tão _____
_____
_____
_____
_____
_____
_____
_____

É algo tão _____
Eu gostaria de parar de _____

2) Vamos tentar outro poema:
   Pense em alguém que você namorou ou por quem teve uma paixonite. Se ninguém vier à mente, use a imaginação. Então, preencha os espaços escrevendo sobre sua experiência com essa pessoa:

⏱ **Marque 10 minutos no cronômetro e comece a escrita livre:**

Você acredita que nós _____
E foi _____
_____
_____
_____
_____
_____
_____
_____
_____
_____
_____
E foi _____
Você acredita que nós _____

RUPTURAS

3) Agora, escreva um poema circular a respeito de qualquer tema de sua escolha. Desta vez, não deixei nenhuma sugestão como pontapé inicial.

⏱ **Marque 15 minutos no cronômetro e comece a escrita livre:**

rupi kaur

EXERCÍCIO 19 | REALIZANDO MEUS PRÓPRIOS SONHOS

Nós crescemos bombardeadas com imagens pouco realistas do amor. Passamos mais tempo procurando "a pessoa certa" do que construindo uma conexão com nós mesmas.

Por sorte, muitas de nós já aprenderam que outra pessoa não pode nos completar; apenas nós temos o poder de fazer isso. As respostas que estamos procurando estão dentro de nós.

Neste exercício, escreva sobre como você pode direcionar mais de sua energia para criar uma conexão mais forte consigo mesma. O que você pode fazer para se sentir mais à vontade no próprio corpo? O que você espera conseguir de um parceiro que na verdade conseguiria conquistar por si só?

⏱ **Marque 15 minutos no cronômetro e comece a escrita livre:**

rupi kaur

RUPTURAS

rupi kaur

| EXERCÍCIO 20 | CONFLITO |

Neste exercício, você vai escrever um poema para ser declamado em voz alta, com cinco parágrafos/estrofes de extensão, a respeito de qualquer coisa com a qual você esteja se sentindo em conflito agora mesmo.

INSTRUÇÕES

» Ligue o cronômetro e comece a escrita livre do primeiro parágrafo/estrofe com as palavras "**A gente se conheceu**". Dê pistas, mas não revele o conflito a que se refere. Você pode escrever sobre onde ou quando você encontrou esse conflito e onde sua relação com ele começou. Dedique **4 minutos** a armar a cena.

» Quando o cronômetro chegar a 4 minutos, siga para o parágrafo/estrofe seguinte com as palavras "**E aqui está você**". Continue a ser discreta sobre o que *exatamente* é o conflito. Em vez disso, escreva a respeito com mais detalhes. Qual é a aparência do conflito? Ele tem uma forma física? Um cheiro? Qual é a sensação dele ao toque? Você tem um apelido para ele? O que torna o conflito forte ou fraco? Os detalhes aqui devem fazer o leitor sentir o peso de seu conflito. Dedique **4 minutos** a esta segunda parte.

» Quando o cronômetro chegar a 8 minutos, comece o terceiro parágrafo/estrofe revelando seu conflito. Diga ao leitor o que é, e então escreva o que você diria ao conflito se pudesse conversar com ele. Como você se sentiria ao dizer essas coisas? Dedique **4 minutos** a esta parte.

» Quando o cronômetro chegar a 12 minutos, siga para o quarto parágrafo/estrofe. Imagine-se superando esse conflito e escreva sobre a sensação da vitória. Dedique **4 minutos** a esta parte.

» Quando o cronômetro chegar a 16 minutos, siga para o quinto parágrafo/estrofe. Para concluir o exercício, escreva sobre o que você pode fazer agora que o conflito não está mais prendendo você. O que você pode esperar do futuro? Dedique **4 minutos** a esta parte.

» Termine sua peça na marca de **20 minutos**.

🕐 **Marque 20 minutos no cronômetro e comece a escrita livre:**

rupi kaur

RUPTURAS

EXERCÍCIO 21 — RODADA DE APLAUSOS

Sem pensar demais, escreva uma lista não numerada de motivos pelos quais você é a parceira romântica ou amiga ideal:

»
»
»
»
»
»
»
»
»
»
»
»
»
»
»
»
»
»
»
»
»
»
»
»

agradeço ao universo
por levar
tudo o que levou
e por me dar
tudo o que está dando

- *equilíbrio*

outros jeitos de usar a boca, p. 159

CAPÍTULO QUATRO
CURA

Curar-se é acordar todas as manhãs e se dedicar a si mesma. É uma prática que não tem fim ou linha de chegada. Nunca está completa. Vai continuar sendo um trabalho em progresso durante todo o tempo em que você estiver neste mundo. Curar-se é pedir ajuda todas as vezes que precisar. Ter a coragem de se cuidar. Curar-se nunca é linear. Curar-se é ter crises. Ter compaixão. Saber que até mesmo no seu melhor momento haverá espirais descendentes. Curar-se é se apresentar por inteiro e dizer *provavelmente não tenho ideia do que estou fazendo, mas ainda assim vou tentar*. Curar-se é começar de onde está. É cair da bicicleta e voltar a pedalar sabendo que não perdeu nada. Ninguém atravessa a vida sem cicatrizes. Todo mundo está dando o seu melhor com o que tem. Ser humana é ser imperfeita. Então, vá com calma. Seja gentil consigo mesma e com o próximo.

| EXERCÍCIO 1 | LISTA DE COISAS QUE ACALMAM SEUS ÂNIMOS |

A seguir, trago um poema em lista de meu terceiro livro, *meu corpo minha casa*, que fala de diferentes coisas que faço para me sentir melhor quando estou num dia pesado. Tenho esse poema grudado no espelho do meu banheiro como um lembrete de que tenho mais poder do que às vezes acredito ter.

uma lista de coisas que vão te acalmar os ânimos:
1) chore. ande. escreva. grite. dance até
    botar esse sentimento pra fora.
2) se depois de tudo isso
    você ainda sentir
    que está perdendo o controle
    pare pra pensar se vale a pena chegar ao fundo do poço
3) a resposta é não
4) a resposta é respire
5) tome um chá e espere até se acalmar
6) você é a heroína de sua vida
7) esse sentimento não tem poder sobre você
8) o universo te preparou para lidar com isso
9) mesmo que a escuridão se alastre
    a luz sempre chega
10) você é a luz
11) levante-se e volte para o lugar onde mora o amor

meu corpo minha casa, p. 37

Para o primeiro exercício deste capítulo, recrie o poema escrevendo a sua própria lista de "coisas que acalmam os ânimos". A única regra é que você não pode usar nada da minha lista.

🕐 **Marque 10 minutos no cronômetro e comece a escrita livre:**

lista de coisas que acalmam meus ânimos:
   1)

   2)

   3)

   4)

   5)

CURA

6)

7)

8)

9)

10)

11)

| EXERCÍCIO 2 | EM PRIVADO |

🕐 **Marque 15 minutos no cronômetro e responda o seguinte:**

Quem você é quando ninguém está olhando?

CURA

rupi kaur

EXERCÍCIO 3 | COMPAIXÃO

Compaixão é nossa habilidade de reconhecer o sofrimento alheio e sentir vontade de ajudar. A maioria de nós é bastante boa em ser compassiva com os outros. Somos gentis, doces e pacientes com eles porque sabemos que é do que precisam.

Por que somos tão boas em ter compaixão pelos outros, mas terríveis em ter compaixão por nós mesmas? Quando estamos sofrendo, rapidamente chegamos à conclusão de que somos fracas. Em vez de sermos gentis, nossa resposta natural pode ser de crueldade e impaciência.

Neste exercício, você vai examinar sua relação com a autocompaixão.

1) Com que frequência você consegue ter autocompaixão? Circule abaixo:

1.	2.	3.	4.	5.
Nunca	Raramente	Às vezes	Com frequência	Sempre

2) Por que ter autocompaixão é tão difícil/fácil?

3) Imagine que você tem muita compaixão por si mesma e se trata como trataria sua melhor amiga. Você é gentil, é capaz de perdoar e não se culpa por circunstâncias que fogem de seu controle.
Como é esse diálogo autocompassivo?

EXERCÍCIO 4 | DANDO CRÉDITO A SI MESMA

⏱ **Marque 20 minutos no cronômetro e responda às perguntas a seguir em escrita livre:**

Como a sua coragem aparece?

De que maneiras você é inteligente?

CURA

De que maneiras você tem poder?

| EXERCÍCIO 5 | VENDO A SI MESMA |

hoje me vi pela primeira vez
quando tirei a poeira
do espelho da minha mente
e a mulher que me encarou de volta
me tirou o fôlego
afinal quem era aquela criatura tão linda
aquela terráquea extraceleste
eu toquei meu rosto e meu reflexo
toquei a mulher dos meus sonhos
toda sua beleza me sorria nos olhos
meus joelhos se renderam à terra
e eu chorei suspirando pensando
que eu tinha passado a vida inteira
sendo eu
mas não me vendo
tinha passado décadas morando
no meu corpo
sem sair nem uma vez
e mesmo assim tinha ignorado
seus milagres
é curioso como somos capazes
de ocupar um espaço sem
estar em sintonia com ele
como eu pude demorar tanto
para abrir os olhos dos meus olhos
aceitar o coração do meu coração
beijar os meus pés inchados
e ouvi-los sussurrando

CURA

obrigado
obrigado
obrigado
por nos ver

meu corpo minha casa, p. 154

Quando as inseguranças se soltam de nossos ombros e começamos a nos ver, a sensação é gloriosa e transcendente. Imagine que você está nesse estágio de transcendência neste momento, com acesso a poder e autoamor infinitos. Qual é a sensação de ter essas inseguranças despencando dos seus ombros e caindo no chão para nunca serem vistas de novo?

As frases deste exercício foram tiradas do poema que você acabou de ler.

⏱ **Marque 10 minutos no cronômetro e comece a escrita livre na página seguinte:**

hoje me vi pela primeira vez quando _____
_____
_____
_____
_____
_____
_____

chorei suspirando pensando em como _____
_____
_____
_____
_____
_____
_____

é curioso como _____
_____
_____
_____
_____
_____
_____

| **EXERCÍCIO 6** | **O QUARTO** |

Você está parada na frente de uma porta fechada. Gira a maçaneta e entra em um cômodo vazio, exceto por duas cadeiras no centro, uma de frente para a outra. Uma das cadeiras está ocupada. Você se senta na cadeira vazia e, bem na sua frente, está a sua versão de 15 anos. Você estende o braço e pega a mão dela.

Na página a seguir, há uma lista de 14 perguntas. No espaço dado, responda-as em ordem, com uma frase de apenas uma linha (se você acabar escrevendo uma ou outra frase a mais, tudo bem, mas tente manter a concisão). Gaste cerca de um minuto respondendo a cada pergunta.

Não leia todas as perguntas antes de começar. Em ordem sequencial, leia uma pergunta, escreva sua resposta e só então siga em frente para a próxima pergunta, e assim por diante.

Se quiser, use um cronômetro para controlar quanto tempo passa em cada frase.

⏱ **Marque 14 minutos no cronômetro e comece a escrita livre:**

1) Qual é a primeira coisa que você nota quando se senta e olha no fundo dos olhos da sua versão de 15 anos?
2) O que ela está usando?
3) Descreva a atmosfera desse recinto, literal ou figurativamente (por exemplo, está escuro, claro, o piso é de azulejos ou de madeira, é iluminado, assustador, acolhedor?).
4) Quem marcou o encontro, você ou a sua outra versão?
5) A sua versão de 15 anos quebra o silêncio primeiro e faz uma pergunta. O que ela pergunta?
6) O que você responde?
7) Sobre o que mais vocês falam?
8) Como você se sente com essa conversa?
9) Essa conversa muda alguma coisa para você?
10) É hora de você ir embora. Quais são as suas últimas palavras para sua versão de 15 anos?
11) Você se levanta, dá um abraço na sua versão de 15 anos e ela sussurra algo em seu ouvido. O que ela disse?
12) Sua outra versão pega a sua mão e coloca algo dentro dela. Sem olhar o que é, você vai até a porta. Qual é o último pensamento que ocorre a você antes de sair?
13) Com a porta fechada atrás de si, você abre a mão para ver o que sua outra versão lhe deu. O que é?
14) Aonde você vai em seguida?

rupi kaur

| EXERCÍCIO 7 | AME-SE |

⏱ **Marque 10 minutos no cronômetro e comece a escrita livre:**

Por que você merece a felicidade?

rupi kaur

CURA

EXERCÍCIO 8 — UM FILME SOBRE A MINHA VIDA

Um renomado diretor de cinema aborda você porque quer fazer um filme sobre a sua vida. Você aceita a oferta.

1) Em um parágrafo, descreva o enredo geral do filme:

O diretor amou o enredo, e o filme entra em produção. Acelere alguns meses e você está na primeira fileira na noite da estreia. O cinema está lotado. As luzes se apagam e o filme começa.

2) A cena de abertura do filme é você num corredor. Dado o enredo do filme, onde você está e por quê?

3) Descreva as emoções que sua personagem sente nessa cena de abertura:

CURA

4) Sua personagem enfrenta algum problema ou desafio?

5) Qual a sua parte favorita do filme?

6) Descreva a cena final:

EXERCÍCIO 9 | FOLHA

Quando estou tendo um dia difícil, tento ficar em contato com a natureza. Caminhar, passear pelas montanhas ou fazer um piquenique sempre melhora meu humor. Imagino a paz de ser uma árvore, uma folha ou uma corrente de água. Estar perto da natureza sempre melhora o meu humor. É algo que me faz pensar sobre como a Terra é um milagre e sobre como temos sorte por simplesmente estarmos vivas.

Neste exercício, imagine que você é uma folha numa árvore e como seria isso. Responda às perguntas 1 a 15 na ordem.

Não leia todas as perguntas de uma vez só. Comece lendo a primeira, responda, depois leia a segunda, responda, então a terceira, e assim por diante.

Não pense por tempo demais nem se esforce demais em suas respostas – escreva a primeira ideia que vier à sua mente. Faça o seu melhor para manter as respostas entre 2 e 3 frases.

Antes de começar, tire um minuto para fechar os olhos e se imaginar como uma folha de árvore. Imagine essa experiência com todos os seus sentidos. Quando sentir que incorporou a folha, comece o exercício.

1) Como é o toque de sua pele?
2) A que árvore você pertence (por exemplo, descreva a aparência e a localização)?
3) Você está isolada ou tem um monte de coisas acontecendo ao seu redor?
4) Você gosta da sua árvore? Por quê?
5) Qual é a sensação quando pessoas passam por você e não prestam atenção?
6) Qual é a sensação de ser notada?
7) Em geral, o que você pensa de seres humanos?
8) Qual é a sensação do vento quando bate nas suas costas?
9) Quando o vento te levanta da sua árvore e te leva para dançar, o que você diz para ele?
10) Você gosta de perder o controle?

11) Termine a frase: *O vento me leva para...*

12) Onde fica esse novo destino e por que o vento levou você para esse lugar?

13) Você sente falta de estar na árvore?

14) Se você pudesse fazer um pedido, qual seria?

15) Gostaria de dizer mais alguma coisa?

CURA

rupi kaur

EXERCÍCIO 10 | LIBERTE-SE

Perdoar os outros é se libertar. E você, pessoa querida, merece a liberdade. É muito difícil perdoar aqueles que nos fizeram mal. Talvez você não esteja pronta para perdoar alguém, e não tem problema nenhum nisso. No entanto, praticar o perdão em nosso íntimo pode nos ajudar a imaginar um futuro em que o perdão seja possível.

Neste exercício, você vai praticar o perdão para ver como se sente.

1) Eu perdoo _____ por

2) Eu perdoo _____ por

3) Eu perdoo _____ por

4) Eu perdoo _____ por

5) Eu perdoo _____ por

EXERCÍCIO 11 | ESTENDA

Retorne ao exercício anterior e escolha uma das pessoas que você perdoou. Imagine que a perdoou na vida real. Num mundo ideal, como você gostaria que essa cena acontecesse? Como você gostaria que a pessoa reagisse?

⏱ **Marque 15 minutos no cronômetro e comece a escrita livre:**

rupi kaur

CURA

| EXERCÍCIO 12 | SEGUINDO EM FRENTE |

⏱ **Marque 10 minutos no cronômetro e responda o seguinte:**

Por que o perdão é importante?

CURA

| EXERCÍCIO 13 | PARA OS HOMENS DA MINHA FAMÍLIA |

🕐 **Marque 15 minutos no cronômetro, leia o pontapé inicial e comece a escrita livre:**

Se eu pudesse me sentar com todos os homens da minha família, eu diria a eles que

CURA

rupi kaur

CURA

| EXERCÍCIO 14 | ATÉ A RAIZ |

>para se curar
>você há de
>chegar à raiz
>da mágoa
>e abraçá-la até o talo
>
>*o que o sol faz com as flores*, p. 235

1) O poema acima é do meu segundo livro, *o que o sol faz com as flores*. A ilustração abaixo acompanha o poema. Para os fins deste exercício, trago quatro rótulos: **miolo**, **pétala**, **caule** e **raiz**. Sem pensar muito, responda às perguntas abaixo de cada rótulo:

miolo
Qual é a ferida mental, física ou emocional que você leva consigo?

pétala
No seu dia a dia, como você esconde essa ferida do mundo?

caule
Qual é a extensão dessa ferida, até onde ela vai?

raiz
Na sua concepção, como você acha que a ferida se formou?

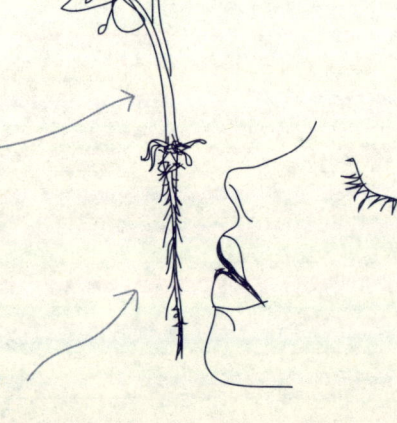

2) Essa ilustração e esse poema ilustram como:
- » todas nós temos feridas.
- » tentamos esconder essas feridas do mundo.
- » precisamos chegar à raiz de nossas feridas se quisermos curá-las. Com frequência, essas raízes começam lá na nossa infância.

Nesta última parte do exercício, quero que você escreva sobre a ferida que descobriu na parte 1. Sua peça deve ter cinco parágrafos/estrofes de extensão – escreva no formato que for melhor para você. Cada um dos cinco parágrafos/estrofes deve expandir suas respostas na parte 1. A seguir, veja o que você deve escrever em cada uma dessas cinco partes:

INSTRUÇÕES

- » **Parte 1: miolo**

  Marque 3 minutos no cronômetro e comece introduzindo a ferida mental, emocional ou física do rótulo "miolo" da ilustração. Quando o tempo acabar, pare de escrever e siga para a seção seguinte.

- » **Parte 2: pétala**

  Esta seção se chama "pétala" porque as pétalas cercam o centro da flor para proteger o que há dentro dela. **Marque 5 minutos** e escreva sobre como você tenta esconder essa ferida do mundo. Quando o tempo acabar, pare de escrever e siga para a seção seguinte.

- » **Parte 3: caule**

  Marque 3 minutos e escreva sobre quanto tempo faz que você tem essa ferida. Quais pontos da sua vida, do presente ou do passado, ela toca? Quando o tempo acabar, pare de escrever e siga para a seção seguinte.

> *Parte 4: raiz*

⏱ **Marque 5 minutos** e determine quando a ferida se formou. Qual a raiz original dela? Quando o tempo acabar, siga para a próxima seção.

> *Parte 5:*

⏱ **Marque 5 minutos** e escreva sobre o que seria necessário para curar essa ferida. Como você pode começar essa jornada? Pare de escrever quando o tempo acabar.

rupi kaur

CURA

rupi kaur

CURA

rupi kaur

CURA

EXERCÍCIO 15 | PODER

⏱ **Marque 10 minutos no cronômetro e complete os pensamentos a seguir:**

As mulheres da minha vida fizeram

rupi kaur

EXERCÍCIO 16 | MENTE, CORPO E EU

*"Hoje agradeço ao meu corpo por nos manter funcionando.
Por estar aqui quando eu não estava."*

Escrevi esse trecho em meu diário quando me dei conta de como minha **mente**, **corpo** e **eu** ("**eu**" aqui sendo meu espírito) existem todos em um único lugar, mas, frequentemente, parecem desconectados um do outro.

Por exemplo, quando tem ansiedade, minha **mente** me enche de medos e dúvidas.

Isso me preocupa, e **eu** fico tão apavorada com as mentiras que minha **mente** me conta que **eu** começo a me dissociar do meu **corpo** para diminuir o medo.

Mas não importa o quanto **eu** me desconecte dele ou o negligencie, meu **corpo** continua respirando e bombeando sangue para me manter viva. Quer minha **mente** e **eu** estejamos presentes para o **corpo** ou não, o meu **corpo** está presente para nós.

Antes de começar este exercício, encontre um lugar silencioso, sente-se e respire fundo dez vezes com os olhos fechados.

Começando pelos pés, analise seu corpo. Sinta cada uma das partes: dos tornozelos até as panturrilhas, depois os joelhos, então as coxas e o abdômen. Então, suba pelo abdômen até o coração, pescoço, rosto e topo da cabeça.

Quando chegar ao topo da cabeça, tome ciência de sua mente. Ouça o que ela está dizendo.

Sinta como os pensamentos afetam você.

Depois de cinco minutos fazendo essa meditação, leia as instruções do exercício e comece a escrita livre.

INSTRUÇÕES

» Escreva uma peça de três partes (usando parágrafos ou estrofes) sobre seu "**corpo**", sua "**mente**" e seu "**eu**" (o "**eu**" se refere ao seu espírito). O objetivo deste exercício é entender o que seu "**corpo**", sua "**mente**" e seu "**eu**" estão tentando comunicar.

» *Parte 1: Mente*

Podemos não nos dar conta, mas passamos muito tempo pensando as mesmas coisas de novo e de novo. Esses pensamentos repetitivos moldam nossa experiência do mundo. Quais pensamentos recorrentes você tem? ⏱ **Marque o tempo e termine esta parte em 4 minutos.**

» *Parte 2: Eu*

Como seus pensamentos repetitivos impactam você? Eles amplificam ou limitam suas experiências do mundo? Tanto você quanto sua mente estão tranquilos um com o outro ou há conflito?
⏱ **Marque o tempo e termine esta parte em 4 minutos.**

» *Parte 3: Corpo*

Enquanto sua mente está perdida em pensamentos e você está sendo afetada por esses pensamentos, o que seu corpo sente?
⏱ **Marque o tempo e termine esta parte em 4 minutos.**

CURA

rupi kaur

EXERCÍCIO 17 | BRINCAR

Quanto mais velhos ficamos, parece que menos brincamos. Com toda a energia que nossas carreiras e outras responsabilidades consomem, divertir-se pode se tornar difícil.

Muitas vezes tive dificuldade de me divertir porque estava convencida de que não tinha tempo de fazer coisas que não me ajudassem diretamente a atingir meus objetivos. Eu sentia essa necessidade de trabalhar sem parar, que não deixava nenhum espaço para brincar. Estava obcecada por otimizar cada hora do meu dia e só fazer coisas que fossem produtivas. Mais cedo ou mais tarde, tudo isso levou à síndrome do burnout, até que aprendi que me divertir é tão importante – ou até mais – quanto trabalhar. Na verdade, a diversão desempenha um grande papel em nossa produtividade. Quanto maior o equilíbrio, maior o tempo que nos manteremos.

⏱ Marque 10 minutos no cronômetro e responda o seguinte:

Como você pode começar a se divertir mais?

rupi kaur

| EXERCÍCIO 18 | AS MULHERES DA MINHA FAMÍLIA |

⏱ **Marque 15 minutos no cronômetro e dê a partida na escrita livre com o começo a seguir:**

Se você pudesse fazer uma ou mais perguntas à sua avó, à sua bisavó e a todas as mulheres que vieram antes de você, qual(is) seria(m)? E por quê?

CURA

| EXERCÍCIO 19 | BONITA |

>quero pedir desculpa a todas as mulheres
>que descrevi como bonitas
>antes de dizer inteligentes ou corajosas
>fico triste por ter falado como se
>algo tão simples como aquilo que nasceu com você
>fosse seu maior orgulho quando seu
>espírito já despedaçou montanhas
>de agora em diante vou dizer coisas como
>*você é forte* ou *você é incrível*
>não porque eu não te ache bonita
>mas porque você é muito mais do que isso
>
>*outros jeitos de usar a boca*, p. 179

O ano era 2013. Muito antes de escrever essas frases, elas ecoavam na minha cabeça, como uma música no *repeat*. Isso seguiu por meses. Em vez de escrever o poema no papel, eu o ignorei porque achei que fosse brega.

Mas o poema não se importava com isso. Ele se repetia na minha cabeça de novo e de novo até eu me irritar tanto que o pus no papel na esperança de tirar aquilo do meu sistema.

Ele fluiu de mim sem esforço em 11 frases. Quando enfim estava no papel, eu senti alívio. Eu estava prestes a virar a página e começar a trabalhar em outra coisa, mas o poema não me deixava. Não sei por quê, mas fui tomada por essa confiança esquisita e me peguei com uma vontade de compartilhar o poema na internet. Fiz algumas mudanças, publiquei e a reação das minhas leitoras foi surpreendente.

Eu não conseguia acreditar. O poema tinha ficado batendo na minha porta por meses e eu o tinha ignorado totalmente. Agora, ele estava sendo lido e compartilhado sem parar – até hoje ele é uma de minhas peças mais populares.

Penso nisso sempre que começo uma sessão de escrita porque é prova de que, com frequência, nós mesmas nos metemos no nosso caminho. Às vezes, cortamos nosso fluxo porque ficamos resistentes e começamos a pensar demais. Nosso instinto tenta nos guiar em direções lindas, mas pensamos que sabemos mais que ele. Talvez pensemos que os outros vão rir de nossos pensamentos mais profundos. Talvez não queiramos abrir mão do controle. Mas, se estamos tentando ser autênticas, temos que nos soltar e seguir nossos instintos.

Leia o poema e use-o como inspiração para escrever o seu próprio pedido de desculpas para as mulheres. Ele pode ser pessoal e específico para uma mulher ou mais geral, para as mulheres como um todo. Para ajudar, trago algumas sugestões de inícios diretamente do meu poema.

1)

quero pedir desculpa a todas as mulheres _____

_____

_____

de agora em diante vou _____

_____

_____

porque mulheres são muito mais do que isso

2) Mulheres têm sido globalmente oprimidas há milhares de anos independentemente de classe, casta, país ou raça; então, apenas um pedido de desculpas não é suficiente. Temos muita cura para fazer, e desculpas são necessárias para que a cura aconteça. Por isso, vamos escrever mais algumas.

quero pedir desculpa a todas as mulheres _____
_____
_____
_____

de agora em diante vou _____
_____
_____
_____

porque mulheres são muito mais do que isso

3)
quero pedir desculpa a todas as mulheres _____
_____
_____
_____

de agora em diante vou _____
_____
_____
_____

porque mulheres são muito mais do que isso

CURA

4)
quero pedir desculpa a todas as mulheres _____
_____
_____

de agora em diante vou _____
_____
_____

porque mulheres são muito mais do que isso

EXERCÍCIO 20 | MEDITAÇÃO

Nos últimos anos, a meditação tem se tornado parte do meu processo de escrita. Começo cada sessão de escrita sentada no chão e fazendo exercícios de respiração. Dependendo de como estiver me sentindo, eu me alongo, faço ioga ou fico sentada em silêncio, ciente de quais pensamentos estão indo e vindo.

A meditação é uma experiência centradora. Ela faz com que eu me sinta equilibrada, o que é um ótimo espaço mental para se estar antes de escrever.

Para este exercício, pensei que seria bom explorar a gratidão. Você já deve ter feito alguma variação deste exercício, mas gratidão nunca é demais. A gratidão é muito parecida com a gravidade: ela nos ajuda a ficar centradas e com os pés no chão.

1) Preencha os espaços abaixo com todas as coisas pelas quais você é grata:

Tenho gratidão por

Tenho gratidão por

Tenho gratidão por

Tenho gratidão por

Tenho gratidão por

Tenho gratidão por

Tenho gratidão por

Tenho gratidão por

Tenho gratidão por

Tenho gratidão por

Tonglen é um método budista de meditação. A palavra significa "enviando e tirando". A maioria de nós medita para trazer calma e paz para a vida. Esse entendimento individualista que colocamos na meditação nos faz pensar que só podemos ajudar os outros depois de ajudar a nós mesmas. A prática do Tonglen sugere que uma das melhores maneiras de encontrar a paz interior é ser gentil e generosa com os outros.

Neste exercício, você praticará alguns elementos simples do Tonglen por meio da escrita.

2) Escolha uma amizade ou alguém da família com quem tenha muita proximidade:

_____

Com os olhos fechados, pense sobre essa pessoa por alguns minutos. Medite sobre quem ela é e como ela está. Em sua mente, comece a enviar amor para essa pessoa. Energeticamente, dê a ela qualquer coisa de que possa precisar agora mesmo. Imagine-se agarrando as preocupações e dores dessa pessoa e levando-as para longe. Tire o fardo dos ombros dela e visualize-a ficando leve e livre.

Agora, vamos colocar isso em prática por meio da escrita.

De novo, concentre-se na pessoa que você escolheu e medite sobre quem ela é e como está. Mande amor para ela. Energeticamente, envie qualquer coisa que ela possa querer neste momento e escreva abaixo:

» Estou te enviando

» Estou te enviando

» Estou te enviando

- » Estou te enviando

- » Estou te enviando

- » Estou te enviando

Imagine-se arrancando as preocupações e dores dessa pessoa:

- » Estou tirando

- » Estou tirando

- » Estou tirando

- » Estou tirando

- » Estou tirando

- » Estou tirando

Conforme você tira o fardo dos ombros dessa pessoa, mande-lhe ainda mais amor. Observe como ela vai ficando leve e livre e compartilhe palavras de gentileza com ela:

- » Você é

- » Você é

- » Você é

» Você é

» Você é

» Você é

3) Agora, escolha alguém com quem você está em conflito ou por quem você nutre sentimentos ruins. Talvez seja uma colega de trabalho que conseguiu a promoção que você queria, ou uma amizade que incomodou você numa festa. Talvez seja alguém de quem você tem inveja, alguém que você não conhece pessoalmente, mas já viu nas redes sociais.

Concentre-se nessa pessoa e medite sobre quem ela é e como está. Mande amor para ela. Energeticamente, dê-lhe qualquer coisa de que possa precisar neste exato momento:

» Estou te enviando

» Estou te enviando

» Estou te enviando

» Estou te enviando

» Estou te enviando

» Estou te enviando

Imagine-se arrancando as preocupações e dores dessa pessoa:

» Estou tirando

» Estou tirando

» Estou tirando

» Estou tirando

» Estou tirando

» Estou tirando

Conforme você tira o fardo dos ombros dessa pessoa, mande-lhe ainda mais amor. Observe como ela vai ficando leve e livre e compartilhe palavras de gentileza com ela:

» Você é

» Você é

» Você é

» Você é

» Você é

» Você é

4) Agora, pense no mundo inteiro. Sinta a Terra e todos os seus habitantes. Pense em toda a natureza e em todos os animais que ocupam este planeta. Energeticamente, dê ao mundo qualquer coisa de que ele possa precisar agora mesmo:

» Estou te enviando

» Estou te enviando

» Estou te enviando

» Estou te enviando

» Estou te enviando

» Estou te enviando

Imagine-se arrancando as preocupações e dores do mundo:

» Estou tirando

» Estou tirando

» Estou tirando

» Estou tirando

» Estou tirando

» Estou tirando

Conforme você tira o fardo do sofrimento do mundo inteiro, observe como ele vai ficando leve e livre e compartilhe palavras de gentileza com ele:

» Você é

» Você é

» Você é

» Você é

» Você é

» Você é

EXERCÍCIO 21 | CHECK-IN DIÁRIO

Como estamos nos aproximando do fim deste livro, pensei que seria legal deixar você com algo que possa incluir em seus rituais do cotidiano. Este é um exercício de check-in diário que gosto de fazer em minhas meditações matinais. Ele me ajuda a estabelecer o tom do resto do meu dia e é especialmente útil nos dias em que minha mente está correndo demais.

Se gostar do exercício, experimente acrescentá-lo ao seu diário pessoal ou à sua prática de meditação. Praticar rituais pode nos ajudar a nos sentir ancoradas.

Comece o exercício sentada numa posição confortável em um lugar silencioso. Se quiser, coloque uma música instrumental relaxante. Faça alguns alongamentos. Passe de 5 a 10 minutos apenas existindo, reparando em si mesma, dando as boas-vindas à calma, se ela vier, ou prestando atenção na ansiedade, se houver. Respire fundo. Você é uma pessoa imperfeitamente perfeita, exatamente como deve ser. Então, quero que converse com seu corpo e veja o que ele responde. Quando terminar, abra os olhos e responda às perguntas a seguir:

1) Iniciando nos pés e subindo até o topo da cabeça, quais foram as sensações que você teve na meditação de 5 a 10 minutos?

2) Quando você analisou seu corpo, houve alguma área em particular que se destacou? A que você acha que isso se deve?

3) O que você gostaria que seu corpo soubesse agora mesmo?

4) O que seu corpo merece?

5) Liste quinze motivos que você tem para se orgulhar de si:

6) Alguma ideia final para compartilhar com seu corpo?

7) Repita em voz alta:
    Não tenho nada com que me preocupar.
    Posso deixar meu corpo relaxar.
    As coisas vão se ajustar no lugar certo.
    O universo está do meu lado.

este foi um dos anos mais incríveis e mais difíceis da minha vida. aprendi que tudo é passageiro. momentos. sentimentos. pessoas. flores. aprendi que amar é ceder. tudo. e deixar que doa. aprendi que a vulnerabilidade é sempre a escolha certa porque é fácil mostrar frieza num mundo que quase nos impede de mostrar ternura. aprendi que tudo chega em duplas. vida e morte. dor e prazer. sal e açúcar. eu e você. esse é o equilíbrio do universo. este foi o ano de sofrer demais e viver mais ainda. transformar estranhos em amigos. transformar amigos em estranhos. aprender que sorvete de menta com chocolate dá um jeito em quase tudo. e nas dores que não têm jeito sempre terei o colo da minha mãe. precisamos aprender a focar no calor humano. sempre. mergulhar nosso corpo nele e virar versões melhores para o mundo. se não formos gentis uns com os outros como é que vamos ser gentis com o desespero que mora em nós mesmos.

o que o sol faz com as flores, p. 193

CONCLUSÃO

CARTA DE AMOR À LEITORA/ESCRITORA

    A ideia deste livro me veio quando eu estava dando oficinas de escrita em lives no Instagram durante a pandemia de covid-19. Era um momento de muita ansiedade e incerteza, e eu ansiava por me conectar com outras pessoas porque, no fim das contas, nós só temos uns aos outros.
    Dar essas oficinas me mostrou quantas de nós precisavam de permissão para tirar dez minutos do dia para escrever por nós mesmas. Conforme eu lecionava nesses workshops e convidava leitoras a partilhar seu trabalho, ficava impressionada com tanta criatividade. Não havia uma única pessoa cujas palavras não me deixassem sem saber o que dizer. Foi incrível testemunhar o que conseguiam criar durante um exercício de escrita de dez minutos.
    Ao longo dos exercícios deste livro, espero que você tenha aprendido algo sobre si mesma e conseguido ter ideia do poder que há em você. Espero que este livro lhe tenha proporcionado um espaço para refletir, amadurecer e crescer.
    Nossas vozes são poderosas demais. Espero que você sinta a força da sua.

E AGORA?

A jornada ainda não terminou: está só começando.

Agora você tem um livro inteiro de palavras que você escreveu. Se quiser fazer mais com essas peças, passe-as para um diário ou para o computador para editá-las e revisá-las. Você pode transformar qualquer coisa que tenha escrito aqui em um poema, uma peça, uma canção ou um conto.

Se quiser fazer da escrita algo mais constante em sua vida, repita esses exercícios num diário separado. Você vai ficar impressionada ao descobrir como as mesmas instruções tiram algo diferente de você a cada vez. Fique à vontade para alterar os exercícios da maneira que quiser ou usá-los como inspiração para desenvolver os seus próprios exercícios.

Acima de tudo, lembre-se de que você não precisa de mim nem desses exercícios para conseguir escrever. Você é criativa por natureza. Nada jamais pode mudar isso.

Com meu amor infinito,

Rupi

SOBRE A AUTORA

RUPI KAUR é poeta, ilustradora, performer e artista. Quando tinha 21 anos e era estudante universitária, escreveu, ilustrou e autopublicou sua primeira coletânea de poemas, *outros jeitos de usar a boca*. Em seguida, veio sua obra-irmã, *o que o sol faz com as flores*. Essas coletâneas venderam mais de 10 milhões de exemplares e foram traduzidas para mais de quarenta idiomas. Seu último livro, *meu corpo minha casa*, conquistou o primeiro lugar em listas de mais vendidos em todo o mundo. Assim como sempre fez em todas as suas obras, desde o começo, Rupi autoproduziu *Rupi Kaur Live*, o primeiro especial de poesia do gênero, que estreou no Amazon Prime Video em 2021. Os trabalhos de Rupi falam de amor, perda, trauma, cura, feminilidade e migração. Ela se sente mais à vontade quando cria arte, declama sua poesia no palco e passa tempo com familiares e amigos.

AGRADECIMENTOS

Eu gostaria de dizer um obrigada especial para as pessoas incríveis que fizeram este livro ser possível.

Obrigada, Rakhi Mutta, por me inspirar a aceitar a ideia deste livro e seguir com ela. Você é a maior amiga, guardiã, agente e parceira de negócios que qualquer um poderia pedir.

Obrigada, Rattanamol Singh, por seu compromisso com a excelência. Sua genialidade permite que o resto de nós engane com um pequeno brilho de vez em quando. Obrigada por sua dedicação sem fim com tudo que crio e compartilho.

Obrigada ao meu poderoso time por me ajudar a melhorar a cada edição. Mahsa Sajadi, Ashleigh Collins, Prabh Saini, Baljit Singh e Jessica Huang, obrigada por fazerem cada exercício e tecerem críticas cruciais. Não consigo nem imaginar como seria este livro se vocês não fossem parte dele. Shannon Frost e Angella Fajardo, seus olhos de águia viram coisas que o resto de nós não viu. Obrigada por se envolverem na edição, que às vezes pode ser uma parte entediante e trabalhosa da escrita de um livro. Vocês nunca deram sinais de cansaço. Sinto-me grata demais por fazer este trabalho com um time de mulheres incríveis.

Obrigada à minha editora, Andrews McMeel Publishing, por fazer este livro ganhar vida com paixão e dedicação. Kirsty Melville, obrigada por sempre lutar por mim. Você defende minhas palavras e minha visão como mais ninguém. Patty Rice, obrigada por ser minha editora neste livro e em todos os outros. Julie Barnes, obrigada por tornar realidade o design dos meus sonhos. Foi muito divertido e uma imensa honra criar livros lindos com vocês. Formamos um time e tanto.

Copyright © Rupi Kaur, 2022
Copyright © Editora Planeta do Brasil, 2023
Copyright da tradução © Luisa Geisler
Todos os direitos reservados.
Título original: *Healing Through Words*
Esta edição foi publicada em acordo com Andrews McMeel Publishing, uma divisão da Andrews McMeel Universal por meio da International Editors & Yáñez Co' S.L.

Preparação: Caroline Silva
Revisão: Bonie Santos e Tamiris Sene
Diagramação: Beatriz Borges
Capa: adaptação do projeto original de Rupi Kaur
Ilustrações de capa e miolo: Rupi Kaur
Tradução dos poemas de *outros jeitos de usar a boca, meu corpo minha casa* e *o que o sol faz com as flores*: Ana Guadalupe

Dados Internacionais de Catalogação na Publicação (CIP)
Angélica Ilacqua CRB-8/7057

Kaur, Rupi
   Cura pelas palavras / Rupi Kaur; tradução de Luisa Geisler. - São Paulo: Planeta, 2022
   320 p.

ISBN 978-85-422-1932-6
Título original: Healing Through Words

1. Autoajuda 2. Escrita 3. Autoconhecimento I. Título II. Geisler, Luisa
22-6925   CDD 158.1

Índice para catálogo sistemático:
1. Autoajuda

MISTO
Papel produzido a partir de fontes responsáveis
FSC www.fsc.org FSC® C019498

Ao escolher este livro, você está apoiando o manejo responsável das florestas do mundo

2023
Todos os direitos desta edição reservados à
Editora Planeta do Brasil Ltda.
Rua Bela Cintra, 986 – 4º andar – Consolação
01415-002 – São Paulo-SP
www.planetadelivros.com.br
faleconosco@editoraplaneta.com.br

**Acreditamos
nos livros**

Este livro foi composto em Berling LT Std e Vectora
LT Std e impresso pela Geográfica para a
Editora Planeta do Brasil em dezembro de 2022.